Elisabeth Lukas

Wie Leben gelingen kann

30 (31) Geschichten mit logotherapeutischer Heilkraft

Quell

1. Auflage 1996
2. Auflage 1996
3. Auflage 1998

ISBN 3-7918-2269-1

Lektorat: Andrea Scholz-Rieker
Umschlaggestaltung: R.O.S., Filderstadt, unter Verwendung des Motivs von August Macke »Elisabeth am Schreibtisch«
(Aufnahme: Pfalzgalerie Kaiserslautern)
Gesamtherstellung: Maisch & Queck, Gerlingen

Für Milagros,
einen Engel

Inhalt

Einleitende Gedanken

Wie es ungezählt viel Kitsch und Schund am Büchermarkt gibt, so gibt es auch ungezählt viele Geschichten mit Heilkraft. Kurze und lange, einfache und komplizierte, alte und neue. Häufig sind es Fabeln, Sagen und Mythen, die hautnah mit dem Leben zu tun haben, weil sie die Weisheit speichern und transportieren, wie Leben gutgehen kann. Wie es gelingen kann. Wie es ein vollendetes Ganzes werden kann, das dem einzigartigen Menschen in dem einmaligen Leben, das eben ein für allemal seines ist, würdig und gemäß ist. Geschichten, die uns erzählen, wie Leben geht.

Aber die Geschichten müssen nicht nur die entsprechenden Körnchen an Weisheit enthalten, sie müssen sie auch in einer Form ausstreuen, die den Leser erreicht. Und das ist nicht einfach in einer Zeit fehlender Muße, ständiger Überreizung, sinkender Konzentration und kultureller Verkümmerung. Der umbruchgebeutelte und bildschirmverwöhnte Gegenwartsmensch läßt sich nicht mehr leicht von Texten ansprechen. Läßt sich nicht leicht zur Besinnung einladen, zur Nachdenklichkeit anregen, zum Staunen verführen. Er ist ernüchtert. Er ist desillusioniert. Er hat große Stücke seiner Sehnsucht geopfert und eine Portion Hoffnung dazu. Daß Leben gutgehen kann, ist ihm vielleicht einmal zuviel versprochen worden. Er glaubt's kaum mehr.

Und doch braucht er Weisheit – eine Weisheit des Herzens! –, wie sie noch keine Generation vor ihm dringender gebraucht hat. Denn die Limitationen des Verstandes haben sich längst offenbart, und die Grenzen der bloßen Gefühls- und Trieborientierung sind hinlänglich bekannt. Verstand und Gefühl, Rationalität und Emotionalität allein können die Welt nicht regieren. Nur eine Weisheit des Herzens, die beides integriert, humanisiert und überhöht in dem Geist, der die Schöpfung durchweht, kann noch den Countdown stoppen – den individuellen wie den globalen.

Was den individuellen betrifft, sei als Beleg nur ein winziges Detail aus der großen Menge alarmierender Zeichen unserer Zeit herausgegriffen. In einer kürzlich veröffentlichten Forschungsstudie der Weltgesundheitsorganisation (WHO) ist eruiert worden, daß rund jeder vierte Patient, der die Praxis eines Allgemeinarztes aufsucht, an einer psychischen Erkrankung leidet[1]. Die Studie, die die bislang umfangreichste ihrer Art ist und in 14 über die Erde verteilten Ländern mit mehr als 26000 Teilnehmern durchgeführt worden ist, weist nach, daß bei 27% aller Behandlungssuchenden in Allgemeinarztpraxen behandlungsbedürftige psychische Störungen vorliegen, die eindeutig als Krankheiten im Sinne der international anerkannten und auch in Deutschland geltenden Klassifikationen (ICD-10-Kriterien) der Weltgesundheitsorganisation einzustufen sind. Darunter nehmen Depressionen mit 10,4% den größten Anteil ein, gefolgt von (generalisierten) Angststörungen (7,9%), nervösen Erschöpfungszuständen (Neurasthenie) mit 5,4%

und schädigendem Alkoholkonsum (3,3%). Über die 27% der so bereits erkrankten Patienten hinaus liegen weitere 9% nach dem Ergebnis der Studie im Grenzbereich zu einer krankhaften psychischen Störung, und nochmals weitere 3,1% weisen isolierte psychiatrische Symptome auf. Dieses Ergebnis macht nicht nur den engen Zusammenhang zwischen körperlichen und seelischen Erkrankungen transparent, sondern trägt auch zur Verdeutlichung der Richtung bei, in die sich unser Geschlecht entwickelt: es wird älter als früher, aber auch chronisch kränker; es lebt dank der Technik bequemer als früher, aber auch seelisch angeschlagener; es verfügt über mehr Informationen als früher und gleichzeitig über mehr Ratlosigkeit.

Im vorliegenden Band wurden nun 30 Geschichten ausgewählt, die nicht nur inhaltlich, sondern auch formal eine Chance haben, den Leser zu erreichen. Viele davon sind Märchen mit ihrer verdichteten Symbolik und ihrer figürlich-unmittelbaren Sprache, über die *Otto Betz*[2] die nachstehenden Betrachtungen angestellt hat:

> Wenn eine Not hereinbricht und eine Lebenskrise sich abzeichnet, müssen Entscheidungen getroffen und Auswege gesucht werden. Sowohl in der individuellen Lebensgeschichte wie in der Geschichte der Völker ist die bestandene Krise meist auch der Impuls für eine Fortentwicklung. Das wird in den Märchen in vielen Variationen durchgespielt. Zu Beginn der Geschichte ist oft von einer Not die

Rede: der König ist krank, der Lebensbaum gibt keine Frucht mehr, ein Ungeheuer bedroht das Land. Wenn jetzt nicht Hilfe kommt, bricht alles zusammen, das Leben ist bedroht.

In dem längsten Märchen der Grimmschen Sammlung, »Die zwei Brüder«, trifft einer der Brüder auf eine Stadt, die mit Trauerflor behängt ist. Auf seine Frage nach den Ursachen bekommt er zur Antwort: »Draußen vor der Stadt ist ein hoher Berg, darauf wohnt ein Drache, der muß alle Jahr eine reine Jungfrau haben, sonst verwüstet er das ganze Land. Nun sind schon alle Jungfrauen hingegeben und ist niemand mehr übrig als die Königstochter, dennoch ist keine Gnade, sie muß ihm überliefert werden.« Das Leben ist also in eine Stokkung geraten: es gibt keine nächste Generation mehr, die künftigen Mütter sind von einem Drachen verschlungen worden. Die Schöpfung geht nicht mehr weiter, es sei denn, es findet sich ein mutiger Held, der es mit dem Drachen aufnimmt, ihn besiegt und das Tor für die Zukunft wieder öffnet. – Und daß es diese Chance gibt, daß sie genutzt und Rettung und Erlösung erreicht wird, dafür steht das Märchen ein, das ist seine hoffnungsvolle Botschaft. Durch Schwierigkeiten, Krisen, Rückschläge, Heimsuchungen und Notfälle entwickelt sich also die Schöpfung weiter. Offenbar muß der Mensch herausgefordert werden, damit die versteckten Kräfte und Möglichkeiten in Erscheinung treten und wirksam werden können, die sonst brach liegenbleiben.

Manchmal bemerken die Menschen, daß ihnen etwas Wichtiges fehlt, eine große Kostbarkeit, die unvergleichbar ist und die heftigste Sehnsucht in ihnen weckt. »Der goldene Vogel« ist so kostbar, daß selbst eine einzige Feder »mehr wert ist als das gesamte Königreich«. Soll der Mangel ausgeglichen werden, dann muß es einer wagen, in die Ferne zu ziehen, um das Ersehnte und Notwendige zu finden. Die Grenzen des bisherigen Lebensbereiches müssen überschritten werden, damit die wahren Dimensionen der Schöpfung sichtbar werden können. Erst ein geheimnishafter Bereich macht die Welt wahrhaft sinnvoll. Die Pfeilkraft einer Fortentwicklung bringt neue Dimensionen in die Erfahrung. In jeder Generation taucht der »Vogel Sehnsucht« wieder auf, verlockt zu unbekannten Zielen und ruft zu diesem schwierigen Gang ins bisher Unerschlossene auf.

In dem albanischen Märchen »Die Nachtigall Gisar« fehlt in der neuerbauten Moschee dieser Vogel, der erst bewirken könnte, daß die Gebete aufsteigen und wirksam werden. Wenn erst einmal erkannt worden ist, daß zur Sinngebung des Daseins etwas entscheidend Wichtiges nötig ist, dann muß sich auch jemand entschließen, diese unvergleichbare Kostbarkeit zu suchen.

Auch in jeder der ausgewählten 30 Geschichten kann nach einer Kostbarkeit gesucht werden. Um den Leser bei dieser Suche zu begleiten, sind die Geschichten nach logotherapeutischen Gesichtspunkten geordnet und erläutert worden. Die »dritte Wiener Schule der Psychotherapie«, die Logotherapie *Viktor E. Frankls,* eignet sich besonders gut dafür, weil sie ein philosophisch-psychologisch-therapeutisches System darstellt, das sich gleichsam aus uralten Lebensweisheiten der Menschheit speist. Biblische Erkenntnisse vereinen sich in ihr mit sokratischen Elementen, dichterischen Intuitionen, ärztlichem Ethos und den Inspirationen herausragender Denker. Aber auch der innovative Eigenbeitrag Viktor E. Frankls, der fast die gesamte zeitgenössische Motivationstheorie in Frage gestellt und um das fundamentale Prinzip des primären Sinnwillens des Menschen erweitert hat, beschreibt im Letzten ein Prinzip, das unbewußt und unerforscht durch die Jahrtausende der Menschheitsentwicklung hindurch immer schon gültig gewesen ist: die Ausgerichtetheit und Hingeordnetheit des Menschen auf etwas oder auf jemanden, kurz, auf Wert- und Sinngehalte der Welt, die nicht bloß Projektionen seiner selbst sind, sondern Gründe zum liebenden Hinauslangen über sich selbst.

Insofern steht dieses Buch im Dienste echter Bibliotherapie und will nichts anderes als Lebenshilfe leisten. Vielleicht aber kann es für denjenigen, der sich die nötige Ruhe und Stille gönnt, um die Geschichten und ihre Aussagen in seinem Inneren nachhallen zu lassen, noch etwas Zusätzliches erbringen: Leseglück. Jenes Leseglück, über das *Ludwig Muth*[3] schreibt:

> Vom Leseglück gilt, was Viktor E. Frankl vom Glücklichsein überhaupt sagt: »Es entzieht sich ge-

nau und gerade in dem Maße, in dem wir es intendieren.« Man kann es nicht wollen, es tritt ein, dann freilich muß man es zulassen. Dem steht heute das moderne Leistungsdenken entgegen. Frühere Elterngenerationen nahmen ihren Kindern manchmal das Buch aus der Hand mit der Begründung, träumerisches Lesen sei Zeitverschwendung. Heute legen nicht wenige das Buch, das nicht der Information, der Wissensvermittlung, der Berufsbildung dient, selbst aus der Hand oder widmen sich dieser »unnützen« Lektüre nur mit schlechtem Gewissen. Auch wer sein Leben nicht nach den Grundsätzen moderner Managementpraktiken durchrationalisiert hat, erlebt Zeit nicht als Geschenk, sondern als Druck und Streß. Man muß mit allem schnell fertig werden, auch mit der Lektüre. Das kann man sogar methodisch lernen. Schnell-Lesekurse versprechen den Input an Buchstaben und Silben erheblich zu steigern, aber *das Glück kommt nicht zu den Eiligen.*

Als Anhang des Buches ist schließlich noch eine »31. Geschichte« beigefügt worden: die Lebensgeschichte von Viktor E. Frankl selbst, wie sie sich in einer Laudatio von Stefanie Rebensteiner-Zips anläßlich seines 90. Geburtstages im März 1995 widerspiegelt. Es ist die wohl bewegendste Geschichte dieses Buches, weil sie Modell steht für wahres Menschentum und für das Heil, das – wie uns Seher, Propheten und herausragende Persönlichkeiten aller Zeiten dargelegt und vorgelebt haben – in der Asche des brennendsten Unheils noch glüht. Wer aus den 30 Geschichten des Buches keine Hilfe, keine Weisheitseinsicht und kein Leseglück gewinnen kann, der möge sich aus der Heilkraft dieser 31. Geschichte die Kraft holen, »... trotzdem Ja zum Leben zu sagen«.

Geschichten zum Thema Entscheidungskraft

Der feine Unterschied zwischen Hektor und den Termiten

Viktor E. Frankl geht von einer Freiheit des menschlichen Willens aus, was nicht jede psychologische Richtung mit derselben Deutlichkeit aus ihrem anthropologischen Konzept ableiten kann. Im Gegenteil, die Mehrzahl der psychologischen Konzepte hält sich in der Willensfrage bedeckt und verweist in der Summe mehr auf das Geprägt-, Erzogen- und Beeinflußtwordensein des Menschen als auf dessen Selbstgestaltungspotential und Eigenverantwortlichkeit.

Fragt man den Laien diesbezüglich um seine Meinung, ist auch er »gespalten«. Ein natürliches Evidenzgefühl sagt ihm, daß er in den meisten Situationen seines bisherigen Lebens durchaus noch andere Möglichkeiten als die von ihm ergriffenen besessen hat. Ja, daß er in jedem bewußten Augenblick verschiedene Handlungs- und Einstellungsvarianten vorfindet, wovon es ihn vielleicht zu einer stark drängt, aber nie absolut zwingt.

Trotzdem gefällt sich der Laie manchmal in der Rolle des hilflosen Opfers recht gut; dann nämlich, wenn er irgendwie versagt hat. Wenn zum Beispiel seine Berufsausbildung schiefgelaufen ist und er die Schuld auf den dominanten Vater abwälzen kann, der ihm besagte Ausbildung eingeredet hat. Das sind die Zeiten, in denen gerne vergessen wird, daß auch ein Halbwüchsiger bereits über eine gewisse Fertigkeit im Neinsagen verfügt, ausreichend jedenfalls, um Widerstand zu leisten, wenn ihm eine differente berufliche Karriere tatsächlich lieber wäre. Einzugestehen, daß ihm nichts lieber gewesen ist, daß er überhaupt wenig Lust zum Sich-Erkundigen gehabt hat und aus Bequemlichkeit dem Vorschlag des Vaters gefolgt ist, also selber jenem Versuch zugestimmt hat, der nunmehr danebenlief, ist natürlich nicht angenehm. Unter solchen Vorzeichen verzichtet er mit Freuden auf die Existenz der menschlichen Willensfreiheit und hat nichts dagegen, psychologisch als Automat eingestuft und damit quasi entmündigt zu werden.

Aber – es hilft ihm wenig. Zum einen verliert er die Möglichkeit aus den Augen, aus seinen Fehlern zu lernen. Zum anderen kommt es parallel zur Ent-schuld-igung zu einer Ent-verdienst-igung, obwohl es dieses Wort im deutschen Sprachschatz nicht gibt. Denn persönliche Schuld und persönliches Verdienst liegen als Gegenpole auf ein und derselben Achse. Sie sind Attribute geistig freier Wesen, die sich für das eine oder für das andere entscheiden können, für das Sinnvolle oder für das Sinnwidrige. Mithin ist das Abschieben von Schuld nur machbar über die Extinktion aller Verdienste, die man sich jemals erworben hat in der Wahl des Sinnvollen. Ein »wahlloser« Automat kann sich schwerlich selber auf die Schulter klopfen, wenn er so funktioniert, wie er programmiert worden ist.

Lassen wir uns von der nachfolgenden Geschichte, die *Fernando Savater*[4] seinem Sohn Amador erzählt, in die Abwägung hineinziehen, ob sich Homers Hektor aus dem Altertum ein persönliches Verdienst erworben hat, als er seine Heimatstadt Troja verteidigte, oder nicht. Können wir uns zu einem Ja durchringen, das heißt, stellen wir ihn nicht auf eine Stufe mit den afrikanischen Termiten, die instinktiv – also »wahllos« – ihren Stamm verteidigen, sondern rücken wir ihn in den »spezifisch humanen Raum« (Frankl), in dem angeborenen Instinkten und überkommenen Traditionen im Individualfall sogar opponiert werden kann, dann geht es uns gut. Dann dürfen wir nämlich auch unsere eigenen kleinen und großen Heldentaten, vor allem unsere Kämpfe mit dem *inneren* Feind, mit Verlockung, Angst, Resignation usw., als echte menschliche Leistungen gelten lassen und ein wenig stolz darauf sein. Dann wollen wir uns aber ebenso zu unseren schwachen Stunden bekennen und aus ihnen lernen, um über sie hinauszuwachsen.

Ich will Dir einen dramatischen Fall erzählen. Du kennst doch die Termiten, diese weißen Ameisen, die in Afrika beeindruckende, meterhohe Bauten errichten, die hart wie Stein sind. Weil der Körper der Termiten weich ist, dient ihnen der Termitenhügel als kollektiver Panzer gegen bestimmte feindliche Ameisen, die besser bewaffnet sind als sie. Aber manchmal stürzt einer dieser Hügel ein, infolge einer Überschwemmung oder wegen eines Elefanten. Sofort beginnen die Arbeiterinnen-Termiten damit, ihre beschädigte Befestigung schleunigst wiederaufzubauen. Und die großen feindlichen Ameisen gehen zum Angriff über. Die Soldaten-Termiten kommen heraus, um ihren Stamm zu verteidigen, und versuchen, die Feinde aufzuhalten. Da sie in der Größe und Bewaffnung nicht mit ihnen konkurrieren können, hängen sie sich an die Angreifer und versuchen, deren Marsch möglichst zu bremsen – dabei werden sie von den gewaltigen Kiefern der Angreifer in Stücke gerissen. Die Arbeiterinnen handeln mit größter Schnelligkeit und bemühen sich, den zerstörten Bau wieder dicht zu machen – dabei lassen sie die armen Soldaten, die ihr Leben für die Sicherheit der anderen opfern, draußen. Verdienen diese nicht wenigstens eine Medaille? Ist es nicht gerechtfertigt, sie Helden zu nennen?

Wechsel der Szene, aber nicht des Themas. In der Ilias erzählt Homer die Geschichte von Hektor, dem besten Krieger Trojas, der außerhalb der Mauern seiner Stadt unerschütterlich auf Achill, den tobenden Krieger der Achäer, wartet, obwohl er weiß, daß der stärker ist als er und ihn wahrscheinlich töten wird. Er tut das, um seine Pflicht zu erfüllen, die in der Verteidigung seiner Familie und Mitbürger vor dem schrecklichen Angreifer besteht. Niemand bezweifelt, daß Hektor ein Heros ist, ein wahrer Held. Aber, ist Hektor heldenhaft und mutig auf die gleiche Weise wie die Soldaten-Termiten, deren millionenfach wiederholte Heldentat kein Homer erzählt hat? Macht Hektor letzten Endes nicht das gleiche wie eine der anonymen Termiten? Warum erscheint uns seine Tat größer und wertvoller als die der Insekten? Worin besteht der Unterschied zwischen beiden Fällen?

Ganz einfach, der Unterschied besteht darin, daß die Soldaten-Termiten kämpfen und sterben, weil sie es tun müssen, ohne etwas daran ändern zu können. Hektor dagegen geht zum Zweikampf mit Achill hinaus, weil er es will. Die Soldaten-Termiten können nicht desertieren, rebellieren oder sich drücken, damit andere an ihrer Stelle gehen: Sie sind von der Natur so programmiert, um ihre heroische Mission zu erfüllen. Bei Hektor ist das anders. Er könnte sagen, er sei krank oder habe keine Lust, mit jemandem zu kämpfen, der stärker ist als er. Vielleicht würden seine Mitbürger ihn dann einen Feigling nennen und ihn für einen unverschämten Kerl halten, oder vielleicht würden sie ihn fragen, welcher andere Plan ihm eingefallen sei, um Achill zu bremsen. Aber zweifellos hat er die Möglichkeit, sich zu weigern, ein Held zu sein. Auch wenn die anderen noch so viel Druck auf ihn ausüben, er könnte immer dem entfliehen, was man von ihm erwartet: Er ist nicht darauf programmiert, ein Held zu sein – kein Mensch ist das. Deshalb ist sein Handeln verdienstvoll, und daher erzählt Homer seine Geschichte in epischer Breite. Im Unterschied zu den Termiten ist Hektor – so sagt man – frei, und deshalb bewundern wir seinen Mut.

Und so gelangen wir zu dem zentralen Begriff der Freiheit. Die Tiere (ganz zu schweigen von den Mineralien oder Pflanzen) haben keine andere Wahl, als so zu sein, wie sie sind, und das zu tun, wozu sie von Natur aus programmiert sind. Man kann sie nicht dafür tadeln oder ihnen applaudieren, weil sie sich gar nicht anders verhalten können. Eine solche bindende Veranlagung erspart ihnen zweifellos viel Kopfzerbrechen.

In gewisser Hinsicht sind wir Menschen natürlich auch von der Natur programmiert. Wir sind dazu geschaffen, Wasser zu trinken und keine Lauge; und trotz aller unserer Vorkehrungen müssen wir früher oder später sterben. Auf weniger gebieterische aber vergleichbare Weise ist unsere kulturelle Programmierung bestimmend: Unser Denken *wird durch die Sprache bestimmt, die ihm Gestalt gibt. Außerdem werden wir in bestimmten Traditionen erzogen, lernen bestimmte Gewohnheiten, Verhaltensweisen, Legenden. Mit einem Wort: Uns wird von der Wiege an eingetrichtert, an bestimmten Dingen festzuhalten. Das hat zur Folge, daß wir ziemlich berechenbar sind. Nehmen wir Hektor als Beispiel. Aufgrund seiner natürlichen Programmierung erkannte er die Notwendigkeit des Schutzes, der Behausung und der Zusammenarbeit. Diese Vorteile gewährte ihm mehr oder weniger seine Stadt Troja. Es ist auch sehr natürlich, daß er mit Zuneigung an seine Frau Andromache dachte – die ihm ein behagliches Zuhause bereitete – und an seinen kleinen Sohn, mit dem er sich durch biologische Bande verbunden fühlte. Kulturell gesehen fühlte er sich als Teil Trojas und teilte mit den Trojanern die Sprache, die Gebräuche und Traditionen. Außerdem hat man ihn von klein auf dazu erzogen, ein guter Krieger im Dienste seiner Stadt zu werden. Man sagte ihm, Feigheit sei etwas Abscheuliches, eines Mannes unwürdig. Hektor wußte, wenn er die Seinen verriet, würde er verachtet und auf irgendeine Weise bestraft werden. Also war auch er ziemlich programmiert, so zu handeln, wie er es tat, nicht wahr? Und trotzdem...*

Trotzdem, Hektor hätte sagen können: Zum Teufel mit all dem! Er hätte sich als Frau verkleiden können, um in der Nacht aus Troja zu fliehen, oder er hätte sich krank oder verrückt stellen können, um nicht kämpfen zu müssen. Oder er hätte sich vor Achill niederwerfen und ihm seine Dienste als Führer anbieten können, um an der schwächsten Stelle in Troja einzudringen. Er hätte sich auch dem Trunk ergeben oder eine neue Religion erfinden können, die sagt, daß man nicht gegen seine Feinde kämpfen darf, sondern die andere Backe hinhalten muß, wenn man eine Ohrfeige erhält. Du wirst mir sagen, daß alle diese Verhaltensweisen ziemlich merkwürdig gewesen wären, wenn man bedenkt, wer Hektor war und welche Erziehung er genossen hatte. Aber Du mußt anerkennen, daß das keine unmöglichen Gedankenspielereien sind – während ein Biber, der Waben herstellt, oder eine Termite, die desertiert, nicht selten, sondern völlig ausgeschlossen sind. Bei den Menschen kann man nie so sicher sein wie bei den Tieren oder anderen Lebewesen. Sosehr wir Menschen auch biologisch oder kulturell programmiert sein mögen, wir können uns am Ende immer für etwas entscheiden, das nicht im Programm vorgesehen ist. Wir können ja oder nein sagen, »Ich will« oder »Ich will nicht«. Sosehr wir uns auch von den Umständen erdrückt sehen, es gibt nie nur einen einzigen Weg, dem wir folgen können, sondern immer mehrere.

Wenn ich von Freiheit spreche, meine ich genau das: Das, was uns von den Termiten und Ebbe und Flut unterscheidet, von allem, was sich auf notwendige und unabänderliche Weise bewegt. Sicher können wir nicht alles tun, was wir wollen, aber genauso sicher sind wir nicht verpflichtet, nur eine einzige Sache tun zu wollen …

Der Befehl des Generals Suwarow

Viktor E. Frankl hat unter anderem den Begriff der »Selbstdistanzierungsfähigkeit« in die psychologische Fachterminologie eingeführt. Darunter versteht er die Fähigkeit des Menschen, sich geistig von sich selbst zu distanzieren. Von eigenen Leidenszuständen beispielsweise, die einen ansonsten gefangenhalten würden, oder von eigenen Sorgen, die sämtliche gedankliche Aufmerksamkeit auf sich ziehen und einem jedes emotionale Abschalten entwinden würden. Der Mensch, der sich in gesunden Abstand zu sich selbst stellt – »sich in seinem Sein« zu »sich in seinem Haben«! –, versetzt sich in die Lage, mit sich selber umzugehen: mit seiner Aggression, mit seiner Trägheit, mit seiner Schwermut, mit seinem Schmerz. Er läßt sich von sich selbst nicht alles bieten. Er hat »sich« in der Hand wie der kundige Reiter sein Pferd, er lenkt »sich« auf den Weg seiner Wahl und wird nicht vom wild gewordenen Pferd auf den Weg geworfen, vielleicht gar auf den falschen Weg.

Freilich kommt auch der beste Reiter ohne Pferd nicht weit. Deshalb muß er mit seinem Pferd vernünftig umgehen, muß es hegen und pflegen und darf ihm keine Gewalt antun. Analog darf sich auch der Mensch nicht selbst vergewaltigen, nichts zu Perfektes abverlangen, darf nichts Inadäquates aus sich herauszupressen versuchen. Er muß achtgeben auf sich und die Signale aus seiner organismischen Sphäre. Allein, das Pflegen, Achtgeben usw. sind bereits Akte »aus der Distanz«, aus der seltsamen Beweglichkeit der geistigen Person heraus, der es gestattet ist, sich aus der engen ganzheitlichen Bindung an den Organismus eine Nuance weit zu lösen – gerade so viel, um nicht in totaler Verschmolzenheit mit dem, was sie hat, zu sein. Um dem, was sie hat, im Notfall trotzen zu können, Widerstand zu leisten; um die Zügel des Pferdes an einer bestimmten Weggabelung noch herumzureißen und den Galopp in eine sinnvollere Richtung zu lenken, wenn es sein muß.

Wer von dieser seiner »Trotzmacht des Geistes« (Frankl) Gebrauch macht, nutzt ein eminent wertvolles menschliches Potential aus mit weitreichend positiven Effekten, wie sie in der logotherapeutischen Praxis vielfach beschrieben worden sind. Indem etwa Patienten üben, ihren eigenen Ängsten »ins Gesicht zu lachen«, ihre bohrenden Selbstzweifel durch bewußte Ignorierung zu entkräften oder ihre Traumata in konstruktiver Vergebung zu bewältigen.

In der nachfolgenden Kalendergeschichte von *Johann Peter Hebel*[5] aus dem 19. Jahrhundert ist es der russische General Suwarow, der sich in der »Trotzmacht des Geistes« eingeübt hat. Zur Verbildlichung der Distanz, in die er sich zu sich selbst stellen kann, dient die Figur des Adjutanten, die ihm gleichsam seinen Mund, sein Kommando »leiht«. Nie und nimmer würde ein General jener Zeit seinem Adjutanten Gehorsam leisten, aber sich selbst, seinem besseren Ich, unterwirft er sich. Da die meisten von uns heute keinen solch hilfreichen Adjutanten an ihrer Seite haben, müssen sie ihn sich in ihrer Vorstellung anschaffen – als »Wächter ihres Herzens«.

Der Mensch muß eine Herrschaft über sich selber ausüben können, sonst ist er kein braver und achtungswürdiger Mensch, und was er einmal für allemal als recht erkennt, das muß er auch tun, aber nicht einmal für allemal, sondern immer. Der russische General Suwarow, den die Türken und Polacken, die Italiener und die Schweizer wohl kennen, der hielt ein scharfes und strenges Kommando.

Aber was das Vornehmste war, er stellte sich unter sein eigenes Kommando, als wenn er ein anderer und nicht der Suwarow selber wäre; und sehr oft mußten ihm seine Adjutanten dies und jenes in seinem eigenen Namen befehlen, was er alsdann pünktlich befolgte. Einmal war er wütend aufgebracht über einen Soldaten, der im Dienst etwas versehen hatte, und fing schon an, ihn zu prügeln. Da faßte ein Adjutant das Herz, dachte, er wolle dem General und dem Soldaten einen guten Dienst erweisen, eilte herbei und sagte: »Der General Suwarow hat befohlen, man solle sich nie vom Zorn übernehmen lassen.« Sogleich ließ Suwarow nach und sagte: »Wenn's der General befohlen hat, so muß man gehorchen.«

Die Frau, die vom Meer träumte

Wir sind von der Freiheit des menschlichen Willens ausgegangen, die krankheitsbedingt eingeengt oder blockiert sein kann, aber der Potenz nach den »spezifisch humanen Raum« aufspannt. Wir haben des weiteren gehört, daß die eigentliche Freiheit des Menschen darin besteht, sich selbst lenken, leiten und verändern zu können. Über niemand anderen haben wir Macht wie über uns selbst. Allerdings ist das Geschenk der Freiheit, mit dem wir bedacht worden sind, ein janusgesichtiges. Haftet ihr doch die Fußangel »Verantwortung« an. Nicht umsonst spricht Viktor E. Frankl[6] davon, daß diese »etwas Furchtbares und etwas Herrliches« sei. Furchtbar, weil jede freie Entscheidung, die uns gegönnt ist, alle ihre von uns gar nicht übersehbaren Konsequenzen auf unsere Schultern lädt. Und weil davor keine Ausflucht möglich ist. Wo Wahl ist, ist Wahlzwang, und auch ein Sich-nicht-Entscheiden ist unerbittlich eine Entscheidung. Herrlich jedoch, weil sich in keinem sonstigen Geschenk die Signatur der Schöpfung unter seinem Werk »Geschöpf« so klar abzeichnet wie in diesem. Freisein zur Entscheidung heißt Mitschöpfer der Welt sein, und das immer wieder, einen Großteil des Lebens lang. Auf jeden von uns kommt es an, von jedem von uns hängt vieles ab.

Nun gibt es Menschen – und im Patientengut der psychotherapeutischen Praxis sind sie häufig vertreten –, die nehmen nur das Furchtbare der Entscheidung wahr. Die Gefahr der Fehlentscheidung. Die Bürde der Verantwortung. Die Last der Ungewißheit des Ausgangs. Das Risiko, Schönes und Angenehmes zu versäumen, für das sie sich eben nicht entschieden haben. Vor lauter Bedenken, sie könnten das Falsche wählen, schrecken sie vor wichtigen Wahlvorgängen zurück. Vor der Eheschließung – sie könnten an den falschen Partner geraten, es könnte ein noch passenderer kommen. Vor dem Berufseinstieg – sie könnten bei einer schlechten Firma landen, überfordert oder unterfordert sein, ihre Talente verschwenden. Vor der Schaffung klarer Verhältnisse in ihrem Leben – sie könnten sich zu früh binden, zu sehr beim Wort oder bei der Pflicht genommen werden. Gründe, vor Entscheidungen zurückzuschrecken, sind haufenweise zu finden, denn bei keiner Entscheidung ist uns eine hundertprozentige Garantie gewährt, daß das mit ihr Erhoffte und Erzielte geschehen wird. Wir können »Wissen und Gewissen« befragen, aber letztlich muß das, was sie uns empfehlen, gewagt werden – mit nichts Sichererem im Rücken als einem gesunden Gottvertrauen. Leben ist Wagnis, und wer das nicht eingehen will, lebt niemals zur Fülle. Er lebt rudimentär, in Ansätzen. Und es kommt der Tag, an dem er betrauert, was Form hat werden wollen und Schemen geblieben ist.

In der nachfolgenden (gekürzten) Geschichte von *Roland Kübler*[7] ist es eine Frau, die am Ende trauert. Seit ihrer Kindheit träumt sie vom Meer, von der schäumenden Gischt und dem salzigen Geschmack auf ihren Lippen. Deshalb ist sie unterwegs zum Meer, aber sie kommt nicht an, obwohl ihr vier Wege dorthin aufgetan sind. Warum nicht? Was hindert sie, einen davon einzuschlagen? Nun, auf den Wegen steht nicht angeschrieben, daß sie zum Meer führen. Ganz genauso, wie auf unseren eigenen Lebenswegen (außer in begnadeten Momenten) keine Weisung steht. Wohin sie führen, müssen wir schon selber entdekken. Das tut die Frau in der Geschichte schließlich auch, aber zu spät. Vielleicht jedoch ist es für uns nicht zu spät, wenn wir die Botschaft der Geschichte ins Labyrinth unserer eigenen Lebenswege mit hineintragen.

Hoch oben in den Bergen wuchs ein Kind auf. Spielte sich in klarer Luft und auf sattgrünen Wiesen zur jungen Frau. Die packte eines Tages ihr kleines Bündel und sagte zu Vater und Mutter, daß sie gehen wolle, um das Meer zu sehen. Denn während ihrer ganzen Jugend hatte sie sich nichts sehnlicher gewünscht, als einmal im Leben ihren Körper in das schäumende Meerwasser legen und auf den Lippen den salzig frischen Atem des Meeres spüren zu können.

Die junge Frau ging den vertrauten Weg hinab ins Tal und weiter. Weiter, als sie je gegangen war an der Hand ihres Vaters. Sie ging, weil sie ein Ziel hatte. Viele Menschen traf sie auf ihrem langen Weg. Oft wurde sie eingeladen, doch ein wenig auszuruhen, und manchmal wurde ihr auch abgeraten, weiterzugehen. Der Weg zum Meer sei beschwerlich, wurde ihr gesagt. Aber sie ließ sich nicht beirren. Sie nahm die Gastlichkeit dankbar an und ging weiter den Weg, den sie für sich gewählt hatte, und der sie zum Meer führen sollte.

Eines Tages, sie war schon sehr müde, kam sie an eine große Wegkreuzung. Der Weg, dem sie bisher gefolgt war, gabelte sich vor einem großen Gebirge in vier Pfade, von denen zwei links und zwei rechts um die Berge herumzuführen schienen. Die junge Frau wußte nicht weiter und setzte sich mitten auf die Kreuzung, um zu rasten, Brot zu essen und Wein zu trinken. So saß sie lange Zeit auf der Erde und konnte sich für keinen der vier Wege entscheiden. Jeder schien ihr ungewiß.

Eines Tages kamen Fremde an die Kreuzung und fragten die junge Frau, was sie denn hier mache. »Ich bin unterwegs zum Meer«, gab sie Auskunft, »aber mein Weg endet hier. Nun weiß ich nicht, welche Richtung ich wählen soll.« »Dann komm doch mit uns«, sagten die Fremden, »wir sind unterwegs in eine Stadt, die nur einige Stunden von hier entfernt ist.« Aber die junge Frau wollte ans Meer, im warmen Sand sitzen, sich von der wilden Kraft der Wellen umschäumen lassen und den salzig frischen Atem des Meeres auf den Lippen spüren. Sie bedankte sich bei den Fremden für das Angebot und blieb weiter auf ihrer Wegkreuzung sitzen. Wieder saß sie lange Zeit allein und konnte sich für keinen der Wege entscheiden.

Viele Tage später kam ein einsamer Wanderer und setzte sich zu ihr. Er aß mit der jungen Frau Brot und trank mit ihr Wein. Irgendwann fragte er sie, ob sie nicht mit ihm kommen wolle. Er sei unterwegs zu einem Wald ganz in der Nähe, um dort zu jagen. Aber die Frau auf der Wegkreuzung sagte auch ihm, daß sie nicht in einen Wald, sondern ans Meer wollte.

Die Wochen vergingen, und mit ihnen wechselten die Jahreszeiten. Die Frau saß auf dem Platz zwischen den Wegen und sah den Wolken nach, die übers Gebirge jagten und bunte Blüten der Phantasie an den Himmel malten. Eines Morgens wurde sie von Fremden geweckt, die unterwegs zu Bauern waren. Die Fremden fragten sie, ob sie nicht mitkommen wolle, um bei der Ernte zu helfen. Und weil die Frau schon so lange untätig dort gesessen hatte, entschied sie sich, dieses Mal mitzugehen.

Sie kamen in ein kleines Dorf, und den ganzen Herbst über half sie, die Ernte einzufahren. Es gefiel ihr gut bei den Bauern. Nur eine Sehnsucht blieb in ihr und wuchs und wuchs, während der Winter die Landschaft in stille weiße Träume verpackte. Sie wollte ans Meer. Und deshalb schnürte sie an einem klaren Frühlingsmorgen ihr Bündel und ging ihren Weg zurück, bis sie wieder an die große Kreuzung kam. Ratlos setzte sie sich.

Sehr lange saß sie an der Wegkreuzung, bis nach Wochen eine Frau kam, die unterwegs war in ein kleines Dorf. Sie wolle dort ihre Waren verkaufen, erzählte sie und fragte die Frau, ob sie nicht Lust hätte, sie zu begleiten. Und weil diese wußte, daß sie allein zu keinem Entschluß kommen würde, ging sie mit der fremden Frau in das kleine Dorf. Sie half Hemden und Hosen nähen und später auf dem Markt verkaufen. Aber immer blieb in ihr die Sehnsucht nach dem Meer. Eines Tages packte sie ihre Habseligkeiten zusammen, verabschiedete sich von der Frau und wanderte zurück an jene große Kreuzung. Sie suchte sich wieder ihren alten Platz und machte es sich gemütlich. Dann saß sie dort, fast unbeweglich, eine lange, lange Zeit. Ihr Haar war inzwischen dünn und grau geworden. Ihr Rücken beugte sich immer mehr unter der Last der sich ständig wiederholenden Jahreszeiten. Noch immer wußte sie nicht weiter, nur manchmal glaubte sie in stillen, schlaflos mondhellen Nächten ein leises, fernes Rauschen zu hören, als ob das Meer sie rufen würde.

Eine solche Nacht war es, als sie sich entschloß, einfach die Berge hinaufzusteigen. Durch beängstigend verwirrende Felsengärten, dichtes Unterholz und über steil abfallende Grate führte ihr Weg nach oben. Höher und höher stieg sie bei ihrer einsamen Wanderung. Manchmal glaubte sie, ihre Kraft würde nicht ausreichen. Immer schwieriger schien es, sich die steilen Hänge emporzuquälen, um wieder feststellen zu müssen, daß hinter dem eben erklommenen Gipfel der nächste auf sie wartete. Und dann endlich stand sie ganz oben. Der Wind packte ihr langes, graues Haar, zerwühlte es mit klammen Fingern und riß an ihrer Kleidung. Erschöpft und keuchend atmete sie gegen den Wind. Schließlich öffnete sie ihre Augen und blickte sich um.

Der Ausblick überwältigte sie. Tief unten entdeckte sie, ganz klein jetzt, die Wegkreuzung, auf der sie so lange gesessen hatte. Sie sah die vier Pfade, die sich dort unten verzweigten. Der eine führte in eine große Stadt und darüber hinaus. Der andere schlängelte sich durch einen dichten Wald, aber auch er endete dort nicht. Der dritte war ihr bekannt: er wand sich in das Tal zu den Bauern, denen sie bei der Ernte geholfen hatte, und führte dann weiter in eine fruchtbare Ebene. Und der vierte traf auf jenes kleine Dorf, in dem sie Hemden und Hosen geschneidert hatte, zog hindurch und weiter.

Die alte Frau stand auf dem Gipfel des Berges und zitterte. Die vier Wege trennten sich vor dem Gebirge, umringten es und näherten sich einander in einer Ebene, vereinigten sich und setzten ihre Reise fort bis zum Meer, in dem sich weit entfernt der Horizont zu spiegeln schien. Die alte Frau saß auf den Felsen, die vor ihr steil abbrachen, und dort hinten, jenseits der Ebene, verlor sich ihr suchender Blick in die Unendlichkeit des Meeres. Je länger sie schaute, umso deutlicher glaubte sie das schäumende Wasser zu sehen. Sie meinte fast, die tosende Kraft der Wellen zu spüren, die weit von ihr in die zerfurchten Klippen schlugen und zersprangen. Aber sie war hoch oben auf dem Gipfel und wußte, sie hatte nicht mehr die Kraft zurückzugehen an jene Wegkreuzung, wo sie so lange gesessen hatte. Zurück, um irgendeinen Weg zu wählen, der sie ans Meer bringen würde. Sie hatte keinen dieser Wege gewählt, war keinen bis zum Ende gegangen. Erst hier, hoch oben auf den Felsen, erkannte sie, daß jeder dieser Wege ans Meer geführt hätte. Und plötzlich wußte sie: Niemals in ihrem Leben würde der salzig frische Atem grenzenloser Weite ihre Lippen netzen. Und niemals in ihrem Leben würde sie das wildschäumende Wasser des Meeres auf ihrem Körper spüren.

Die Stimme in der Uhr des Großvaters

Daß im menschlichen Leben »Entscheidungen ohne Garantien« getroffen werden müssen, bedeutet nicht, daß wir gänzlich orientierungslos dastünden. Das Wort vom »besten Wissen und Gewissen« ist bereits gefallen und korrespondiert mit der Auffassung Viktor E. Frankls, wonach das Gewissen ein »Sinn-Organ« darstellt, das uns den jeweils konkreten Sinn einer konkreten Situation, sozusagen das jeweilige Gebot der Stunde, erahnen und erspüren läßt. Insofern ist das Gewissen unser »gewissester« Maßstab, der zwar fehlbar ist wie alles Menschliche, aber jedenfalls exakter angepaßt ist an das Hier und Jetzt einer bestimmten Person in ihrem Umfeld, als jeder abstrakte und allgemeine Moralkodex es sein könnte. Nein, was das kleine Stimmchen in unserem Inneren uns zuwispert, betrifft kein »man«: was »man« zu tun und zu unterlassen habe, und keine gesellschaftliche Rollenbeschreibung, zum Beispiel: Mütter haben zu Hause bei ihren Kindern zu sein, sondern immer nur ein »Du« zum angefragten Zeitpunkt, zum Beispiel: jetzt, in der Minute, in der dein Kind gestrauchelt und hingefallen ist, sollst du es aufheben und seine Tränen trocknen ..., jetzt bist du zur Trocknung dieser Tränen unverzichtbar, niemand kann sie an deiner Statt trocknen, und wenn du es nicht tust, verbleiben sie – nicht auf den Wangen des Kindes, aber – im großen Tränenpool aller Verzweiflung der Welt...

Ist es nicht etwas unglaublich Aufwertendes, was uns das Gewissen suggeriert? Du bist unverzichtbar! Du bist wichtig! Da ist eine Finsternis, die braucht *dein* Licht. Hier ist ein Mitmensch, der braucht *deine* Güte. Dort ist ein Material, das braucht *deine* Kreativität. Es ist ein Ungetanes, das braucht dein Tun, und ein Zielprojekt, das braucht deine Unterstützung. Nicht morgen, nicht übermorgen – in der Stunde, in der du gerade lebst. Wirst du dich einbringen in diese Stunde, die dir nur einmal schlägt in deinem Erdendasein, deren Sinn du nur ein einziges Mal verwirklichen oder verwirken kannst, je nachdem? Deren Sinn, einmal erfüllt, ein für allemal erfüllt bleibt wie die getrockneten Tränen, die nie mehr hineinrinnen werden in den Pool ungelöster Verzweiflung? Welch ein Stimmchen in uns! Zugegeben, es verlangt uns viel ab, aber es hält auch viel von uns! Und es belohnt uns – mit dem sanftesten Ruhekissen und dem herrlichsten Schlaf, sobald wir mit ihm in Harmonie sind; bis hinüber in den Schlaf der Ewigkeit.

Die nachfolgende Geschichte von *Peter Geörg*[8] ist eine Gute-Nacht-Geschichte für Kinder. Wenn wir uns jedoch vorstellen, daß der »alte Mann hoch droben«, der »Großvater mit dem langen weißen Bart«, oder wie wir ihn visualisieren mögen, für jeden von uns eine Uhr gebaut hat, die uns gelegentlich fragt, was wir zu dieser oder jener Stunde gemacht haben, worauf wir ehrlich zu antworten haben, dann ist es eine Geschichte für uns Erwachsenen.

Es war einmal ein Uhrmacher, der wollte eine ganz besondere Uhr erfinden. Sein Leben lang sann er darüber nach und arbeitete an seiner Uhr und hütete ihr Geheimnis. Aber als er in hohem Alter starb, fand man in seiner Werkstatt nichts als eine gewöhnliche Uhr. Sie hing an der Wand und machte mit ihrem Pendel tick-tack, und es waren Gewichte an ihr, die man hochziehen mußte, wie bei anderen Uhren auch, und alle Stunden schlug sie laut: ein Uhr, zwei Uhr..., wie andere Uhren auch. Es war gar nichts Besonderes an ihr. Deshalb hatte niemand etwas dagegen, als das jüngste Enkelkind sagte: »Ich möchte die Uhr gerne als Andenken an meinen Großvater haben.« Bald darauf hing die Uhr im Kinderzimmer an der Wand.

Als das Kind zu Bett gegangen war und sein Abendgebet gesprochen hatte, blickte es noch einmal nach der Uhr hin und sah, daß die Gewichte schon zur Hälfte wieder heruntergesunken waren, denn die Uhr des Großvaters lief nicht einmal acht Tage hintereinander, sondern mußte jeden Tag von neuem aufgezogen werden, so altmodisch war sie. Das Kind stand noch einmal auf, ging mit bloßen Füßen zur Uhr, stieg auf einen Stuhl und zog die Gewichte sorgsam in die Höhe. »Das will ich ab jetzt jeden Abend vor dem Einschlafen tun«, dachte es dabei. Dann legte es sich wieder ins Bett, drehte sich auf die rechte Seite und sah nun geradewegs zu des Großvaters Uhr hinüber.

Es war acht Uhr, und die Uhr fing an zu schlagen: Eins, zwei, drei, vier, fünf, sechs, sieben, acht! Der letzte Schlag hallte lange nach: Wummmmmmmm! Wie ein kleines Lied klang es, wie eine sanfte Männerstimme:

»Die Uhr wacht
Tag und Nacht.
Was hast du heut' um acht gemacht?«

»Heute früh um acht?« erwiderte das Kind. »Da stand ich gerade auf und wollte mir das Gesicht nicht mit dem kalten Wasser waschen lassen.«

»Siehst du«, sagte die Uhr mit der Stimme des Großvaters, »das war wohl nicht schön von dir.«

Das Kind schloß beschämt die Augen und schlief ein. Später wachte es wieder auf – war wirklich schon eine Stunde vergangen? Die Uhr schlug: Eins, zwei, drei, vier, fünf, sechs, sieben, acht, neun! Und dann hallte der letzte Schlag noch lange nach: Wummmmmmmmm! Wie ein kleines Lied klang es, wie eine sanfte Männerstimme:

»Die Uhr wacht
Tag und Nacht.
Was hast du heut' um neun gemacht?«

»Da frühstückte ich mit der Mutter und wurde zornig, weil es nur trockenes Brot und keinen Honig gab.«

»Siehst du«, sagte die Uhr mit der Stimme des Großvaters, »das war wohl nicht schön von dir.«

Das Kind mußte zugeben, daß die Uhr recht hatte. Erneut schlief es ein, und erneut schlug die Uhr: Eins, zwei, drei, vier, fünf, sechs, sieben, acht, neun, zehn! Noch einmal hallte der letzte Schlag lange, lange nach:

Wummmmmmmmmm! Wie ein kleines Lied klang es, wie eine sanfte Männerstimme:

»Die Uhr wacht
Tag und Nacht.
Was hast du heut' um zehn gemacht?«

»Um zehn wollte ich zum Spielen gehen, aber die Mutter hatte keine Zeit, die Hühner zu füttern, und da blieb ich zu Hause, fütterte die Hühner und half der Mutter in der Küche.«

»Oh, siehst du«, sagte die Uhr mit der Stimme des Großvaters, »das war sehr schön von dir!«

Das Kind freute sich so sehr über dieses Lob, daß es ganz rot wurde vor Glück – und dann schlief es fest ein. Als es am anderen Morgen aus dem Bett sprang, hing die Uhr an der Wand und machte wie alle anderen Uhren bloß noch tick-tack. »Lieber Großvater«, dachte das Kind, »deine Uhr ist doch eine Wunderuhr! Mir ist, als ob du immer bei mir wärest.« Und jeden Abend hielt es nun Zwiesprache mit seinem Großvater, holte sich Lob und Tadel von ihm und gab sich immer große Mühe, Gutes zu tun, weil dann die Stimme des Großvaters viel glücklicher klang.

Der Bus aus dem Totenreich

Das »Sinn-Organ« Gewissen (Frankl) hat über die beschriebenen Fähigkeiten hinaus noch eine weitere, die phänomenal ist. Nicht nur fordert es uns auf, die gegenwärtige Stunde zu nutzen, und nicht nur prüft es die Qualität der vergangenen Stunden. Es nimmt sogar die Zukunft vorweg, erschaut Stunden, die noch verhüllt in der Ferne liegen und trotzdem schicksalhaft auf uns zurollen. Aus geistig unbewußter Tiefe ertönt dann ein prophetischer Klang, steigt auf in unseren Träumen, Imaginationen, Erleuchtungen, schwingt sich in unsere Abwägungen ein und befruchtet unsere Entscheidungen.

Wer könnte exakt und rein rational begründen, warum er diesen oder jenen existentiell schwerwiegenden Entschluß in seinem Leben gefaßt hat, ohne dabei auf eine verborgene Instanz zu verweisen, die als Mitstifterin des Entschlusses irgendwie involviert gewesen ist? Wie oft behaupten Leute, die mit knapper Not einem Unglück entgangen sind, ein »mulmiges Gefühl« habe sie rechtzeitig davor zurückschrekken lassen. Oder wie oft bestätigen Leute, die in ein Unglück hineingetappt sind, ein »merkwürdig beklemmendes Gefühl« habe sie schon vorher beschlichen, als noch alles in Ordnung gewesen ist. Sie sagen, ihr »Instinkt« trüge nicht, und meinen damit eher eine Art Intuition, keinen Trieb – wie den der Termiten, ihre Bauten zu schützen –, sondern ein Gespür für etwas, das sich noch gar nicht recht ankündigt, das kaum wetterleuchtet am Himmel, aber bald als donnernder Guß niederprasseln wird. Wer diesem sogenannten »Instinkt«, also seiner Intuition, gefolgt ist, steht dann im Trockenen, hat sich beizeiten unwissend, jedoch gläubig Schutz gesucht.

Erwähnt man solch geistig unbewußtes Reservoir der menschlichen Tiefe (oder Höhe?), haken die Skeptiker schnell nach mit dem Argument des Aberglaubens. »Nichts als Koinzidenzen«, erwidern sie, »Zufälle, die spekulativ ausgelegt werden.« Natürlich gibt es irrwitzige Deutungen, die jeglicher vernünftigen Grundlage entbehren. Dennoch: »Der Zufall ist der Ort, an dem das Wunder nisten kann«.[9] Wenn auch nicht alles Unerklärliche ein Wunder ist, so ist auch nicht jedes Wunder ein bloßer Zufall. Dazwischen, zwischen Erde und Himmel, zwischen Logik und Mysterium, befindet sich eine Aera, die nur ganz selten ihre Schleier lüftet, um uns einen kurzen Blick hinein zu gestatten, vorausgesetzt, daß unsere Empfangsantennen darauf ausgerichtet sind.

Die nachfolgende Geschichte von *Irene Sieber*[10] ist die Dokumentation einer authentischen Begebenheit. Im Gewand eines Traumes wurde ihr eine Warnung zuteil. Mitten im Leben wurde sie daran erinnert, wie nahe sie dem Totenreich ist. Fast schon befand sie sich auf der Reise, gemeinsam mit ihren toten Vorfahren. Doch an den traurigen Augen ihrer geliebten Großmutter las sie ab, daß ihre Zeit noch nicht vollendet, die Reise daher zu früh angetreten worden war, und brach sie ab. Wenig später wußte sie, was es – im wirklichen Leben – abzubrechen, zu verneinen galt. Wenn wir uns ähnlich sensibel halten für Gewissens- und Entscheidungsimpulse aus unserer unbewußten Geistigkeit, könnten wir gut beraten sein.

In einem schönen Urlaubsort inmitten bewaldeter Berge hatte ich vor einigen Jahren beim Schwammerlnsuchen ein unheimliches Erlebnis. Ich kletterte eben, aus dem Wald kommend, eine Böschung zur Fahrstraße hinab, als mich eine seltsame Müdigkeit überfiel. Ich setzte mich an den Wegrand, um auszuruhen und meine schönen Pilze im Korb zu betrachten.

Da kam plötzlich – wie aus dem Nichts – ein Kleinbus angefahren und blieb vor mir stehen. Die Fahrgäste saßen paarweise hintereinander, und man konnte sehen, daß noch ein Platz frei war. Jemand öffnete die Türe und rief mir lachend zu: »Endlich! Komm, steig schnell ein!« Ich war sehr überrascht, denn ich erkannte meinen vor ein paar Jahren verstorbenen Freund. Seine Augen saugten sich an den meinen fest. Ich stieg wie unter Zwang ein und setzte mich auf den freien Platz neben ihn.

Als ich mich umsah, bemerkte ich voller Staunen meine Eltern, die ich bereits in meiner Kindheit verloren hatte. Sie winkten mir freudig zu, sprachen aber nichts. Dahinter saß mein erst kürzlich verstorbener Lieblingsonkel. Er rief: »Willkommen!« Dann gewahrte ich weitere Verstorbene im Bus, darunter die Großtante und die Urgroßmutter. Ich fühlte keine Angst, nur ein Glücksgefühl. Ich wollte mit ihnen reden, doch sie antworteten mir nicht, sondern lächelten nur geheimnisvoll. Den Busfahrer kannte ich nicht.

Wir fuhren durch die Waldstraße, als der Wagen unvermittelt anhielt. Aus dem Waldesdunkel trat eine Gestalt heraus und hob mahnend die Hand. Es war meine Großmutter, die mich als Waisenkind aufgezogen hatte und mich wohl von allen am meisten liebte. Sie lächelte nicht, sondern sah mich mit unendlich traurigen Augen an. So, wie sie mich immer angesehen hatte, wenn mich irgendein Unglück getroffen hatte. Ohne ein Wort zu sprechen, stieg sie hinten in den Bus und geriet mir aus dem Blick. Wir fuhren bereits weiter, aber ich konnte ihre traurigen Augen nicht vergessen, und eine beklemmende Angst legte sich auf mein Herz. Als ich meinen Freund neben mir fragte, wohin die Fahrt eigentlich ginge, antwortete er lächelnd: »Jetzt sind wir wieder beisammen!« –

Beunruhigt stand ich auf und beugte mich nach vorne zum Fahrer. »Wohin fahren wir denn?« »Nach Hause nicht!« antwortete dieser, und es überrann mich eiskalt. Ich versuchte, meine Müdigkeit abzuschütteln, und rief entsetzt: »Ich will aber nach Hause, in meine Urlaubspension! Ich steige aus!« Da lächelten die bleichen Gesichter meiner seltsamen Reisegefährten nicht mehr. Mein Freund schaute mich überrascht an. Dann öffnete ich mit letzter Kraft die Autotür und sprang aus dem Bus. »Auf bald!« rief mein Freund mir nach und schloß die Wagentür hinter mir. Ich sank ins Moos nieder und schlief ein.

Als ich erwachte, lag ich im Bett und fand mich zu meiner Überraschung in meinem hübschen Zimmer in der Urlaubspension wieder. Der Mittagsschlaf war beendet, und es war Zeit, sich in die Gaststube zum Jausenkaffee zu begeben. War das ein unheimlicher Traum gewesen! Was wollten die Verstorbenen mir sagen? War es eine Warnung gewesen? Daß ich aus dem »Bus aus dem Totenreich« ausgestiegen bin, hat mich offenbar gerettet … Noch auf der Heimreise ereilte mich ein Unfall. Einige Ärzte rieten zur sofortigen Operation, andere mutmaßten, der Eingriff könnte wegen meines schwachen Herzens lebensgefährlich sein. Ich entschloß mich, auf diese Operation zu verzichten, und »stieg aus«. Nach drei Jahren kräftigte sich meine Gesundheit wieder.

Geschichten zum Thema Selbstüberschreitung

Ein Hören auf die »innere Stimme« ist nicht identisch mit einem unproduktiven Kreisen um sich selbst. Im Gegenteil, die Gewissensstimme, von der die Rede war, öffnet den Menschen für Weltbezüge. Nabelschau und Selbstbespiegelung, wie sie im Zuge von psychologisch angehauchten Selbsterfahrungsgruppen modern geworden sind, verschließen ihn hingegen, engen ihn ein, werfen ihn auf sich selbst zurück. Man kann sich nicht kennenlernen, indem man sich unentwegt mit sich selbst beschäftigt. Neben der bereits besprochenen Fähigkeit zur »Selbstdistanzierung« eignet dem Menschen eine Fähigkeit zur »Selbsttranszendenz«, von der Viktor E. Frankl nachgewiesen hat, daß sie das wichtigste menschliche Charakteristikum überhaupt ist. Nur in selbsttranszendenten Akten, und das heißt in der Hingabe an eine Aufgabe, in der selbstlosen Liebe zu anderen Menschen oder im berechnungsfreien Engagement für eine Sache bzw. eine Idee, von der man begeistert ist, entfaltet sich der Mensch zu seinem vollen Menschsein. Nie ist er so gänzlich bei sich wie in jenen luziden Momenten, da er sich völlig vergißt. Nie so präsent wie im Sich-Verströmen.

Dem gegenüber sind alle Versuche des Sich-Findens und Zu-sich-Kommens zum Scheitern verurteilt, wenn sie weltabgewandt nichts anderes anstreben als eigenes Wohlergehen, Lustgewinn und Bedürfnisstillung. Die konsumatorische Haltung:

»Hauptsache, mir geht es gut, ich gefalle mir, ich bin anerkannt, geschätzt, gemocht...« entfernt und entfremdet den Menschen von sich selbst. Er steht alsbald wie in einem Spiegelkabinett da und nimmt nichts mehr außer seinem eigenen Ich wahr, das von ringsum auf ihn eindringt und ihn förmlich einkreist. Das Ich, das sich nur für sich selbst interessiert, gerät in totale Isolation. Da hilft auch kein Klagen, denn es schallen nur Klagen von überall auf es zurück, und kein Toben, denn es tobt nur auf es zurück. Verschwunden sind die Werte um ihrer selbst willen; das Schöne der Welt, das einfach schön ist, das Grandiose in ihr, das Glaub-Würdige, das Lieb-Werte; verschwunden sind die Inhalte, für die es sich zu leben lohnt, alles ist wie leer gefegt! Das Ich im Spiegelkabinett kennt kein Gegenüber, das nicht wieder es selber ist.

Wie viele Menschen haben sich heutzutage in solch narzißtischer Nabelschau von der Welt abgeschnitten und leiden am entstandenen Wertevakuum! Dabei gäbe es für jeden einen Beitrag zu leisten, der, aus lauteren Motiven für ein Nicht-Ich erbracht, das Leben auf diesem Planeten wesentlich angenehmer gestalten würde und im Endeffekt auch dem Ich zugute käme. Egozentrik ist nicht das Rezept, das die gegenwärtige Kultur- und Gesellschaftskrise mildern könnte, auch dann nicht, wenn sie unter dem Deckmäntelchen psychologischer Heilsverfahren zur Selbsterkenntnis gedeiht. Schon *Johann Wolfgang von Goethe* wußte dies, als er schrieb: »Wie kann man sich selbst erkennen? Durch Beobachten niemals, wohl aber durch Handeln. Versuche, deine Pflicht zu tun, und du weißt gleich, was an dir ist.«

Die nachfolgende Geschichte von *Kurt Held* [11] schildert die angesprochene Problematik aus der Perspektive des Visavis. Nicht den Menschen (und Dingen), die auf sich selbst fixiert sind, sondern dem Spiegel, der diese Egozentrik miterleiden muß, wird übel. So übel, daß er daran zugrunde geht. Da er aber in der Symbolik eines Spiegels nur wiedergeben kann, was eben ist, zeigt die Geschichte in seinem Geschick das heraufziehende Geschick derjenigen, die sich in ihm spiegeln. Möge uns dies nachdenklich stimmen.

In einem Restaurant hing ein Spiegel. Es gingen viele Menschen an ihm vorbei und spiegelten sich. Sie wollten alle wissen, wie sie aussahen. Der Spiegel nahm ihre Gesichter in sich auf und schluckte sie hinunter. Er sagte kein Wort. Er dachte aber sehr viel und ärgerte sich oft.

Er konnte auch ihre Gedanken lesen. »Die Menschen irren sich alle«, dachte er. »Die einen bilden sich ein, schön zu sein, und dabei sind sie häßlich; und die anderen glauben, häßlich zu sein, und dabei sind sie oft recht hübsch. Keiner sieht sich richtig. Aber wozu soll ich ihnen das sagen und zu sprechen anfangen. Sie würden mir doch nicht glauben.«

Wenn sie Hüte und Kleider vor ihm ausprobierten, fragten sie ihn unaufhörlich: »Was steht mir am besten? Wie bin ich am schönsten?« Der Spiegel war geduldig und schwieg, aber er dachte: »Wie eitel sie alle sind. Es ist nicht gut, daß ich da bin!« Schließlich bekam der Spiegel Magenweh von den vielen gespiegelten Menschen; er konnte sie nicht mehr verdauen. Er geriet immer mehr in Zorn über ihre Eitelkeit, und zuletzt wurde er trüb und blind. Die Leute putzten und polierten mit Tüchern an ihm herum. »Was hat er nur?« fragten sie. »Er spiegelt nicht mehr gut. Er taugt nichts mehr. Er ist alt.« Sie nahmen ihn ab und stellten ihn in eine Ecke.

Da dachte der Spiegel: »Ich will ein wenig an die frische Luft gehen. Vielleicht wird mir dann besser.« Er lief auf die Straße und ging an den Häusern entlang. Die Autos, die an ihm vorbeifuhren, spiegelten sich und sagten: »Seht, jetzt fahren die Autos schon auf dem Bürgersteig. Wir vermehren uns immer mehr.« Die Firmen- und Reklameschilder nickten erfreut, als sie sich in dem Spiegel sahen: »Überall steht schon unser Name.« Auch die kleinen Bäume, die an den Straßenecken standen, winkten übermütig ihren Spiegelbildern zu: »Wir sind bald ein richtiger Wald.« – Und die vielen, vielen Menschen, die vorüberkamen? Kein einziger sah den Spiegel, sie sahen alle nur sich selbst und riefen: »Ei seht, da kommt ein Mensch, und der gleicht mir aufs Haar.« Dem Spiegel wurde immer schlechter. »Ich will nicht länger spiegeln«, sagte er zu sich, »es ist besser für die Menschen und die Dinge. Wenn sie sich selber nicht mehr sehen können, schauen sie sich vielleicht gegenseitig genauer an und werden gütiger zueinander.«

Der Spiegel ging aus der Stadt hinaus. Er ging in den Wald und kam auf eine große Sandhalde. Dort blieb er stehen. »Hier werde ich bleiben«, sagte er, spie alles aus, was er jemals gesehen hatte, und dann zerplatzte er. Keiner konnte mehr erkennen, daß er jemals ein Spiegel gewesen war. Er war wieder Sand geworden, denn daraus hatte man ihn gemacht.

Aber die Menschen hängten sich einen neuen Spiegel auf. Es hat nichts genützt, daß der alte geplatzt ist.

Armselige Bande kontra wahre Weite

Die menschliche Fähigkeit zur »Selbsttranszendenz« (Frankl) hat, wie gesagt, mit Selbstüberschreitung zu tun, nicht aber zwingend mit Hektik und Betriebsamkeit. Es kann sehr still in und um einen Menschen sein, und dennoch ist sein Geist hellwach und absolut gegenwärtig. Umgekehrt kann das Tun eines Menschen nach außen hin sehr aufwendig und arbeitsintensiv scheinen, und dennoch ist es nur eine permanente Flucht vor geistiger Auseinandersetzung, die der Stille bedürfte. So wenig es dem Menschen gemäß ist, ausschließlich sich selbst zu betrachten, so sehr braucht er gelegentlich das Innehalten, Ruhig-Werden und Sich-Sammeln, um die Welt zu betrachten. Kontemplation und Aktion im Wechselspiel sind die Säulen, zwischen denen die Schaukel seelischer Stabilität schwingt.

Die Philosophen unterscheiden diesbezüglich zwischen einer »Bewegung im Raum« und einer »Bewegung im Sein«. Die »Bewegung im Raum« ist jedem Kinde verständlich, das von einer Wohnzimmerecke in die andere krabbelt. Der Mensch will sich von phylogenetischen und ontogenetischen Kindheitstagen an fortbewegen, möglichst immer schneller, mit den Beinen, mit dem Rad, mit den Düsen, mit Kernenergie. Die Räume der Erde und des Alls zu erforschen ist eines seiner bevorzugtesten »Hobbies«.

Allein, es gibt noch eine andere Art von Bewegung, wie sie auch von Viktor E. Frankl einleuchtend beschrieben worden ist, nämlich eine »Bewegung im Sein«[12]. Sie soll nicht räumlich begriffen werden, sondern steht für die Dynamik des menschlichen Geistes, der »bei allem ist, woran er rührt«. Denkt jemand an einen geliebten Menschen, dann *ist* er geistig bei diesem, selbst wenn er räumlich Tausende Kilometer von ihm entfernt wohnt. Interessiert sich jemand für ein Fachgebiet, dann *ist* er bei der Sache, die ihn fasziniert. Versinkt jemand im Gebet, *ist* er bei seinem Gott. Woran erkennbar wird, daß ein selbsttranszendenter Akt einen Übertritt nach außen wie nach innen bedeuten kann, wenn nur die Statik des An-sich-selbst-Klebens abgelöst wird durch die Beweglichkeit des Geistes, der »im Raume nirgends ist, also auch nicht im Leibe und auch nicht im Grabe« (Frankl). Der jenseits von Raum und Zeit bei Sinn und Werten *ist*, hier wie drüben.

Das nachfolgende Textfragment von *Antoine de Saint-Exupéry*[13] aus seinem »Flug nach Arras« befaßt sich mit dieser Dialektik beider »Bewegungsarten«, mit den Schwingungen von Aktion und Kontemplation. Es mag denjenigen ein Trost sein, die krankheits- und altersbedingt an Betten, Tische und Rollstühle gefesselt sind. Die in ihrem winzigen »Gefängnis« kaum von der Stelle kommen. Es mag aber genausogut denjenigen eine Lehre sein, die im Geschwindigkeitsrausch durchs Leben eilen und über ihrer Unrast vergessen, daß die wirkliche Weite eine des Geistes und nicht eine der Geographie und Geometrie ist.

Sicherlich entflieht man sich beim Reisen auf der Suche nach der Weite. Aber die Weite läßt sich nicht finden. Sie gründet sich. Und die Flucht hat noch niemals irgendwohin geführt.

Wenn der Mensch, um sich als Mensch zu fühlen, das Bedürfnis hat, um die Wette zu laufen ... oder Krieg zu führen, sind dies schon Bande, die er sich auferlegt, um sich mit den Mitmenschen und der Welt zu verbinden. Doch was für armselige Bande! Wenn eine Kultur stark ist, erfüllt sie den Menschen gänzlich, selbst wenn er sich nicht von der Stelle rührt ...

In dem Dominikaner, der betet, ist eine dichte Gegenwart. Dieser Mensch ist niemals mehr Mensch als jetzt, da er regungslos in sich versunken ist. In Pasteur, der über seinem Mikroskop sitzt, ist eine dichte Gegenwart. Pasteur ist nie so sehr Mensch, wie wenn er beobachtet ... Dann geht er mit Riesenschritten vorwärts, wenn er sich auch nicht von der Stelle rührt, und entdeckt die Weite. So ist Cézanne, unbeweglich und stumm vor seiner Skizze, unauslotbar gegenwärtig. Er ist nie so sehr Mensch, wie wenn er schweigt, prüft, urteilt. Dann wird ihm seine Leinwand weiter als das Meer.

Die Liebe und die abgeschnittene Hose

Wir haben die Liebe (zu etwas oder zu jemandem) in den logotherapeutischen Begriff der »Selbsttranszendenz« übersetzt und entdeckt, daß es sich dabei um die humanste aller humanen Eigenschaften handelt, das Humanissimum sozusagen. Gleichzeitig haben wir dem Mißverständnis vorzubeugen versucht, daß sich die Liebe in diesem umfassenden, erotikfreien Sinne stets in Handlungsvollzügen äußere. Sie kann in einem stillen und innigen Bei-etwas-oder-bei-jemandem-Sein sogar ihren stärksten Ausdruck finden.

Nun gilt es einem zweiten Mißverständnis den Riegel vorzuschieben. Der Auffassung nämlich, der Liebende müsse zu jedem Verzicht bereit sein. Oder fachsprachlich formuliert: eine hohe »Selbsttranszendenz« korreliere mit bedingungsloser Opferbereitschaft. Das ist nicht der Fall, und es kostet in der psychotherapeutischen Praxis oft ein gerüttelt Maß an Argumentationskunst, »Märtyrerpatienten« zum Ablegen ihrer selbstaufgesetzten Dornenkrone zu bewegen. Warum? Die Gründe sind verschieden. Manche gefallen sich in der masochistischen Rolle. Manche leben fremdbestimmt und lassen sich fast mit Vergnügen herumkommandieren. Manche wiederum sind süchtig nach Dank und Macht. Sie genießen es, wenn andere von ihnen abhängig und an sie ausgeliefert sind. Und viele haben schlichtweg Angst, »nein« zu sagen, gaukeln sich jedoch vor, jeden Unsinn aus Liebe zu tun.

All das ist dem Leben nicht förderlich, auch nicht dem Leben miteinander. Die unsinnigen Opfer schwächen den Organismus, unterhöhlen die gesundheitlichen Kräfte. Sie negieren einen leise nagenden Widerstand im eigenen Inneren, der – negiert – kontinuierlich wächst, »ins Faß tropft, bis es überläuft«. Alsbald droht der physische und psychische Zusammenbruch des Liebenden, und davon hat der Geliebte, für den (vordergründig) sämtliche Opfer gebracht worden sind, bekanntlich nichts, außer höchstens einen Rückstand an Schuldgefühlen.

Damit soll das sinnvolle, dringend benötigte, wahre und hehre Opfer keineswegs abgewertet werden. Das Opfer, das Leben und kostbare Güter rettet, das Opfer, das Natur erhält und eine menschenwürdige Zukunft erobert. Nein, solche Opfer, die bezeugen, wessen die Liebe fähig ist, verdienen unsere höchste Anerkennung. Überdies bauen sie auf, verleihen sie ungeahnte Kräfte und stehen ganz und gar im Einklang mit dem eigenen Inneren. Sie können in den Tod führen, zum Beispiel im Zuge einer Rettungsaktion, aber dann als Höhepunkt eines persönlichen Triumphes und nie als Ergebnis eines Zusammenbruches.

Wir sehen, die Frage der Sinnhaftigkeit ist das einzige Unterscheidungskriterium zwischen pathogenen und vitalisierenden Opfern. Etwa zwischen destruktiver Verwöhnung und konstruktivem Geleit in der Kindererziehung. Oder zwischen leidigem Tyrannisiertwerden und gütlichem Kompromißwillen in der Partnerschaft. Weshalb vor jedem selbstlosen Einsatz und jeder Verzichtleistung aus Liebe kurz geprüft werden sollte, ob dieser Einsatz bzw. dieser Verzicht wirklich not-wendig ist, wirklich Not wendet, und unter den gegebenen Umständen unsere und keines anderen Menschen Aufgabe ist im Zeichen der Liebe. Ist es das »Unsrige«, dürfen wir es ohne Zögern voll bejaht auf uns nehmen.

In der nachfolgenden Geschichte von *Johannes Niederer*[14] ist das Kriterium der Sinnfrage mit dem Kürzen einer zu langen Herrenhose verwoben worden. Zweifellos ist es sinnvoll, ein unpassendes Kleidungsstück zu ändern. Es wird dadurch brauchbar gemacht; »Not«, wenn auch in diesem Kontext nur geringfügige Not, wird »gewendet«. Doch keine der drei Frauen im Hause ist zunächst zum Opfer der Näharbeit bereit. Die Liebe wartet.

Jede der drei Frauen spürt, daß da etwas wartet. Ein »Liebesdienst« wartet. Aber wartet er auf sie? Ist das Opfer *ihr* abverlangt? Und wenn ja, zu welchem Zeitpunkt? Sofort? Oder später, in der Nacht? Oder ist es dann vielleicht überflüssig? Die drei Frauen machen sich an die Arbeit, ohne vorher diese Fragen zu klären. So kommt es zum sinnlosen Opfer...

Lernen wir daraus, daß nicht jedes Begehren eines Mitmenschen jederzeit an uns adressiert und von uns zu befriedigen ist. Das Bild der dreifach gekürzten Hose kann uns von masochistischen Tendenzen und irrtümlich aufgesetzten Dornenkronen befreien. Befreien zu jenen Werken der Liebe, die tatsächlich auf uns warten und auf niemanden sonst – jetzt!

Ein Mann in besten Jahren hatte sich eine Hose gekauft. Sie gefiel ihm sehr gut, wenn auch die Hosenbeine um etwa drei Zentimeter zu lang waren. Er dachte sich: Ich habe in meinem Haushalt drei Frauen; eine von ihnen wird die Kürzung besorgen. Zu Hause hängte er die Hose an den Haken und trug seiner Frau sein Anliegen vor. Doch diese war gerade nicht in bester Stimmung und zeigte ihm die kalte Schulter. Auch bei seiner Schwiegermutter konnte er nicht landen. Sie war in eine Lektüre vertieft und wollte sich nicht stören lassen. Als er ihr Zimmer verließ, stieß er im Hausflur auf seine Tochter. Es sah so aus, als hätten sich die Damen abgesprochen, denn auch die Tochter erklärte, daß ihr die Sache sehr ungelegen komme, da sie gerade ausgehen wolle. Da packte den dreimal Abgewiesenen der Zorn. Lautstark erklärte er, daß mit ihm vor Mitternacht nicht zu rechnen sei, und schlug hinter sich die Haustüre zu.

Es dauerte nicht lange, bis die Ehefrau erkannte, daß jetzt etwas geschehen mußte. Unauffällig griff sie nach der Hose, nahm die Kürzung vor und hängte sie an ihren Platz zurück. Aber auch der Schwiegermutter wuchs die Reue. Geräuschlos schlich nun sie zur Hose und schnitt drei Zentimeter weg. Als die Tochter gegen 23 Uhr nach Hause kam und die Hose am Haken hängen sah, da war auch sie bereit, ihre Gesinnung zu ändern. »Jetzt wird er sich freuen«, dachte sie, als sie die Arbeit beendet hatte. Und wie er sich bei seiner Rückkehr freute …

Das Spiel mit der Glaskugel

Parallel zum sinnlosen Opfer gibt es ein unsinnig überspanntes Streben, wonach auch immer. Meistens zeigt es sich als Streben nach Erfolg, Lob, Anerkennung, Prestige und positiver Rückmeldung. Es ist kein Streben, das untermauert wird von der Einsicht in die Qualität einer Sache und der Bereitschaft, sich ihr um ihrer selbst willen zuzuwenden, sondern das sehr eigennützige Streben, mehr zu erreichen als andere (der gleichen Rangordnung). Oder das Streben, andere (von höherer Rangordnung) zufriedenzustellen und sich in deren Zufriedenheit zu sonnen. Brave, schwache, überangepaßte Menschen gehören dazu und ebenso knallharte Erfolgskämpfer, deren einziges Ziel das Ausstechen ihrer Konkurrenten ist. Beide werden im allgemeinen wenig glücklich. Die Überangepaßten verlieren den Kontakt zu sich selbst, zu ihren urtümlichsten Empfindungen, zum besten Kern in sich, der sich entfalten will. Und die Erfolgskämpfer verkrampfen sich zu sehr, erzwingen zu viel und verlieren am Ende oft. Beiden fehlt etwas Wesentliches: gesunde Selbstvergessenheit. Die innere Ruhe, wie sie nur demjenigen eignet, den unbeeindruckt läßt, was andere von ihm halten und wie sie ihn beurteilen mögen. Innere Ruhe, wie sie einzig derjenige besitzt, der *nichts für sich* erreichen will.

Das Erstaunliche ist, daß innere Ruhe die Basis für jede koordinierte Kraftanstrengung ist. Alles Zuviel entspricht einem Zuwenig. Jeder Streber, der sich zuviel plagt, büßt an Effektivität ein. Wer etwas außergewöhnlich gut machen will, mindert sein Können. Die experimentelle Lerntheorie führt uns dies drastisch vor Augen. Ein zu langes Büffeln über Büchern reduziert die Einprägung des Lernstoffes auf ein Maß, das einem zu geringen Hineinschauen in die Bücher entspricht. Leistungssteigerung ist nicht unbegrenzt, sondern lediglich bis zum individuellen Höchstpunkt möglich, darüber hinaus verkehrt sie sich in Leistungsabfall. Was diesen Höchstpunkt allenfalls ein klein wenig in zusätzliche Höhe auszudehnen erlaubt, ist ausschließlich innere Ruhe; aufgetankt aus Selbstvergessenheit. Aber: Es ist leicht, sich zu ärgern, auch über sich selbst; es ist sogar leicht, sich zu verachten oder sich zu hassen; sich selbst zu vergessen hingegen ist schwer.

In der nachfolgenden Geschichte von *Helmut Heiserer*[15] hat sich ein Kind im Traum verirrt. Und weil der Traum symptomatisch für sein Leben ist, hat es sich noch weitreichender verirrt. Das jagt ihm Angst ein, zu Recht. Da erhält es Hilfe in »sokratischem Stil« (Frankl). Es wird nach seinem Tun gefragt. Sofort zählt es seine Strebungen auf, schildert die Nachmittage, an denen es stundenlang über seinen Schularbeiten gesessen ist – ohne adäquaten Lernerfolg. Das Zuviel hat es erwischt und dem Zuwenig gleichgemacht. Der Eifer hat ihm die innere Ruhe geraubt... Die Hilfe sucht eine alternative Lebensweise und entdeckt sie in des Kindes Spiel mit einer schimmernden Glaskugel. Dabei, bei diesem Spiel, ist das Kind selbstvergessen wie in einem meditativen Akt. Dabei tankt es auf, dabei fließt die Kraft in es hinein, Schularbeiten mit Elan zu erledigen und noch ungemein größere Aufgaben zu lösen, wenn es einmal sein müßte.

Was die Hilfe empfiehlt, lautet mithin: »Bewahre dir das Spiel mit der Glaskugel. Auch wenn du kein Kind mehr bist, werde gelegentlich wieder zu einem, und laß deine Kugel im tausendfach gebrochenen Licht neu erfunkeln. Solltest du darüber jenen Teil deiner Sorgen vergessen, der mit Erfolgsstreben, Konkurrenten-Übertrumpfen und Vorgesetzte-zufriedenstellen-Wollen liiert ist, wirst du die Kraft in dir entdecken, etwas wirklich Bedeutsames zu leisten!«

Ein Kind war im Traum unterwegs. Seltsame Landschaften glitten vorüber. Manchmal schien die Gegend vertrauter, dann wieder völlig fremd, so daß das Kind bald von dem Gedanken geängstigt wurde, es könnte sich verirrt haben. Als es schließlich verwirrt stehenblieb, weil es nicht mehr wußte, welche Richtung es einschlagen sollte, begegnete ihm plötzlich ein uralter Mann. Aus seinem jugendlichen Gesicht, das in merkwürdigem Gegensatz zu seinem Alter stand, blickten zwei kluge, freundliche Augen. Er fragte: »Warum hast du solche Angst? Was bedrückt dich?« Das Kind erzählte ihm von seiner Not und fragte ihn, ob er ihm helfen könne, den rechten Weg zu finden. »Um dir den rechten Weg zeigen zu können«, antwortete der Mann, »mußt du mir etwas mehr von dir erzählen; dazu muß ich dich besser kennenlernen. Sage mir also, was du bisher schon getan hast.«

Wie von selbst ergab es sich, daß das Kind anfing, aus seinem Leben zu erzählen. Von seinem Bemühen, alles rich-

tig zu machen; von seinem Eifer bei der Arbeit und von seiner großen Verzweiflung darüber, daß trotz alledem die Fehlschläge und Enttäuschungen immer zahlreicher würden. »Ich habe keine Zeit mit unnützem Spielen verloren«, sagte es, »und ich habe so manchen Nachmittag einsam über meinen Schularbeiten gesessen, während sich die Kameraden beim Baden oder Ballspielen vergnügten.« »Schön«, brummte der Alte, »schön, und sonst? Hast du sonst nichts getan?« Das Kind zögerte, denn es fiel ihm nicht leicht, davon zu erzählen, daß es hin und wieder der Versuchung erlegen war, mit einer wunderschönen Glaskugel zu spielen, die das Licht einfing und – in tausend und abertausend bunte Strahlen gebrochen – wieder zurückwarf. Endlich begann es stockend davon zu reden, und sagte schließlich: »Immer, wenn ich diese Kugel in der Hand hielt und beim Spiel in das funkelnde Licht blickte, dann vergaß ich mich selbst, dann fühlte ich mich endlich leicht.«

»Nun sage mir«, bekam es zur Antwort, »von allen Dingen, die du bisher getan hast, wobei empfandest du am meisten Freude?« Beim Spielen mit der Glaskugel, schoß es ihm durch den Kopf. Ganz beschämt berichtete es dem Alten darüber und hielt die Augen gesenkt, denn es wagte aus Angst vor seinem Urteil nicht, ihn anzublicken. Der aber meinte: »Das waren deine besten Augenblicke. Was es auch sein mag: ob es die Wolken am Himmel sind oder die Wellen im See, die bunten Steine am Fluß oder der Schmetterling, der über die Blumenwiese gaukelt – immer, wenn du dich ihnen so zuwendest wie deiner Glaskugel und dich selbst darüber ganz vergißt, wirst du völlig eins mit dir. Dann bist du auf dem rechten Weg.«

Begegnungen mit freuderfüllten Menschen

Fassen wir die erörterten Elemente aus der logotherapeutischen Psychohygienekunde zusammen. Der Mensch ist ein selbsttranszendentes Wesen. Als solches ist er ausgerichtet und hingeordnet auf eine Welt um ihn herum, in die er sich mit Herz und Sinn einzubringen hat. Allerdings nicht in notorischer Unrast, masochistischer Opferhaltung oder überangepaßter Erfolgsheischerei. Vielmehr im stillen Bei-den-Inhalten-der-Welt-Sein zur rechten Zeit, am rechten Ort und in echter Faszination.

Wenn er sich darin einübt, was bekommt er dafür? Eine Frage, die (hoffentlich!) sogleich Widerspruch in uns weckt. Haben wir nicht wiederholt gehört, daß den wahrhaft selbstüberschreitenden Intentionen sämtliche eigensüchtigen Hintergedanken eben fehlen müssen? Das ist richtig. Bloß kann sich auch etwas Unintendiertes, Unangepeiltes, Unerwartetes einstellen. Ein Geschenk, ohne daß Geburtstag oder Weihnachten ist. Ein Geschenk, das sozusagen vom Himmel fällt. Der Mensch, der sich in Selbsttranszendenz einübt, wird mit dem »Götterfunken« Freude beschenkt.

Kaum jemand macht sich eine richtige Vorstellung davon, was die Freude alles zustande bringt. Es ist sagenhaft. Sie verzaubert die dunkelsten Landschaften der Seele, vergoldet die trübesten Tage des Jahres und steckt an wie ein »Gesundheitsbazillus«. Dabei ist sie autark wie kaum ein anderes menschliches Phänomen – als wäre sie in der Tat eine himmlische Gestalt, die uneingefordert und nur aus freien Stücken von Zeit zu Zeit gewisse Erdenbewohner besucht. Nicht Ruhm, nicht Geld, nicht die geschicktesten Bestechungsversuche können sie herbeilocken, wenn sie sich verweigert. Weder Krankheit noch Alter, weder Emigration noch Schicksalsschläge können sie vertreiben, wenn sie sich gewährt. Als Vorbedingung braucht sie außer jener Kunst der Selbstüberschreitung, von der wir sprachen, kaum noch etwas. Eventuell eine kleine Prise Humor und einen winzigen Schuß an Idealismus. Aber keine rosa Luftschlösser – die braucht sie nicht. Armselige Baracken sind ihr genauso lieb. Sie keimt wie die Margeriten im einstigen Minenfeld des Eisernen Vorhangs, die niemand gesät hat und die sich auch keinem Stacheldrahtverhau gebeugt haben. Die Freude ist, wenn sie sich bei einem Menschen ansiedelt, unbeschädigbar. Und sie umgibt ihn mit einer Aura, als wäre er selbst unbeschädigbar.

In der psychotherapeutischen Praxis lernt man viele Menschen kennen, denen die Freude fast nie begegnet ist. Sie sind derart in sich selbst verkrochen und von ihren ständigen Konflikten geblendet, daß sie keinen Anlaß zur Freude wahrnehmen. Aus Vorurteilen, Zweifeln und Mißtrauen schaffen sie sich ihren eigenen Eisernen Vorhang, der sie von der übrigen Welt trennt, einer Welt, die sie als feindlich erleben. Ihre versteckten oder offenen Aggressionsausbrüche sind ihr Minenfeld, das potentielle Eindringlinge abschreckt. Auf diese Weise vereinsamen sie, werden zu

Sonderlingen. Kommunikation liegt brach. Nächstenliebe schrumpft. Wertfühligkeit verblaßt. Der Groll häuft sich an...

Noch könnte die Freude anklopfen und sich schenken, wenn ihr aufgetan würde. Sie käme sogar zwischen dem Stacheldraht hindurch, den die Mitmenschen nicht mehr zu durchdringen vermögen. Sie bräuchte so wenig, aber der Panzer um das Selbst müßte aufgeschlossen werden. Wo findet sich der Schlüssel dazu? Nicht in der Vergangenheit und der Rekonstruktion des eigenen Werdeganges. Da nachgewiesenermaßen bereits das gesunde und erfüllte Menschenleben mehr schwere als leichte und mehr indifferente als angenehme Stunden zählt, ist das von seelischer oder körperlicher Krankheit überschattete Menschenleben zwangsläufig überlastig an Negativerfahrungen. Doch darauf kommt es nicht an. Die Menge ist irrelevant. Der Schlüssel, der den Panzer um das Selbst aufsperren und der Freude Einlaß bieten würde, besteht in einem *Vertrauensvorschuß.* »Dir ist Schlechtes widerfahren? Schon möglich«, könnte die therapeutische Botschaft lauten, »und jetzt setze einen Kontrapunkt: Glaube an das Gute. Dennoch. Trotzdem. Unbeirrbar. Wider die alten Assoziationen und bösen Erinnerungen. Setze ein Credo dagegen. Merkst du, wie sich der Schlüssel dreht? Wie er allmählich greift, wie sich etwas bewegt? Halte fest an deinem Credo, halte durch! Du spürst einen milden Luftzug? Es wird dir der Brustkorb weit? Ja dann, vielleicht, hat dich ein Hauch der hereinziehenden Freude gestreift...«

In dem nachfolgenden Textfragment von *Wladimir Lindenberg*[16] werden Figuren aus seinem Bekanntenkreis vorgestellt: alte, sieche Damen. Personen, die so viel mitgemacht haben, daß es keiner rückschauenden »Aufarbeitung« mehr zugänglich wäre. Allein, die drei beschriebenen Damen haben dergleichen nicht nötig. Der »Götterfunke« Freude durchweht ihr Dasein: verzaubernd, vergoldend und herrlich ansteckend für ihre Mitwelt. Könnte es ihnen gelingen, auch den Leser mit anzustecken? Zuzutrauen wäre es ihnen!

Mich machen Begegnungen mit freuderfüllten Menschen immer glücklich, ist doch so viel Licht und Wärme um sie, die auf die anderen überstrahlt. Nicht nur heute, nicht nur in der Zeit der Begegnung; jedesmal, wenn man an diese Menschen denkt, wird einem warm ums Herz.

Ich habe in Salzburg gleich zwei solcher Freundinnen. Die eine ist die Erz-Fanny, eine grazile Dame jenseits der Achtzig. Sie könnte genauso gut jenseits der Vierzig sein, denn ihr Gemüt ist jung geblieben. Sie hat in ihrem Leben vieles erlebt. Als das österreichische Kaiserreich zusammenbrach, hat sie ohne Pathos sich eine Existenz aufgebaut, um ihre Söhne zu erziehen. Sie machte es mit einer Grandezza und scheinbaren Leichtigkeit, als ob sie nie etwas anderes getan hätte. Sie ist eine Weise, eine heitere Weise; man spürt, wie sie das Leben formt, wie nichts Ungutes an sie herankommt. Sie spricht nie von sich oder ihren Kümmernissen, aber sie hört die Menschen an, und es geschehen Wunder. Sie gibt keine Ratschläge, aber »es antwortet« in dem Sprechenden, und er kommt einen Schritt weiter in sei-

ner Reifung. Man wird von ihrer Herzenswärme und ihrer würdevollen Einfachheit umfangen und spürt sich als ein besserer Mensch. Ihr bäuerliches kleines Haus in Anif ist wie ein mit Juwelen bestickter Mantel um sie.

Einige Kilometer weiter lebt Aglaida, geb. Fürstin G., in einer bescheidenen Wohnung mit vielen Erinnerungen aus ihrer Heimat, mit Bildern ihres Schlosses und Parks, mit Fotografien ihrer Verwandten. Sie ist in der Mitte der Achtzig, sie lebt allein, und sie kann die Treppen nur schwer steigen. Ihr Mann starb vor einigen Jahren. Ein Auge ist erblindet, und das Rheuma quält sie. Aber es kommt nie eine Klage über ihre Lippen – nicht, weil sie erzogen worden ist, über ihre Leiden nicht zu sprechen. Ihr Wesen ist Freude und Fröhlichkeit. Sie ist dankbar für alles, was das Leben ihr schenkt, und sie glaubt sich reich beschenkt. Zum Christfest und Neuen Jahr schreibt sie mir: »Das Leben ist voll von unerhörten Wundern, und gerade jetzt, in der heiligen Zeit, scheint es mir, daß die Engel über die Erde laufen und den Menschen helfen. Jedenfalls fühle ich sie auf Schritt und Tritt. Wieviel liebe Menschen, oft völlig fremde, besuchen mich, bieten mir Hilfe an und erleuchten mein Dasein. Natürlich muß man mit offenen Augen (mein blindes Auge zählt nicht) leben und die Wunder dieser Welt erschauen …«

Und da ist Elisabeth Sachsen-Altenburg, meine Altersgenossin, die in einem Heim in Süddeutschland lebt. Ihr »lemurisches Gebein«, wie sie es spaßhalber nennt, hindert sie am Gehen und Bewegen, sie ist nie ohne Schmerz, und die Augen sind operiert worden. Sie erinnert mich an die vielen russischen Nonnen, die die Heiligkeit bereits im Leben erreicht haben, die beten und andere anhören und pflegen. Es ist selten, daß man Elisabeth am Telefon erreicht. Immer ist sie irgendwo, liest einer Blinden vor oder hilft einer Gelähmten. Alles ohne Aufsehen und Pathos, ganz selbstverständlich. Sie ist voll von Freude. Es gibt nichts, was ihr nicht Freude bereiten würde: der Sonnenuntergang, die Sterne, ein freundlicher Brief, ein Buch. Sie ist wie eine Biene, die ihren Nektar von den Blumen holt, aber sie hortet die Freude nicht, sie gibt sie weiter. Und etwas Seltsames geschieht. Ihre strahlende Aura ist nicht nur um sie, sie hat einen weiten Strahlungskreis, man spürt sie im ganzen Haus; es wird weniger gezankt und geklatscht, die Menschen sind still und friedlich.

Geschichten zum Thema Vertrauensvorschuß

Auf einer Schubkarre über das Seil?

Das Stichwort »Vertrauensvorschuß« ist gefallen. Es fiel im Zusammenhang mit der »Einladung« an die Freude, sich einem Leben zuzugesellen und sich darin auszubreiten. Dieser Vorgang ist eng verknüpft mit einem gegenläufigen, der in der Psychotherapie ohne Übertreibung als *zentral* bezeichnet werden kann, nämlich mit der Elimination von krank machender Angst aus einem Leben.

Angst ist nicht »von Natur aus« krank machend. Angst ist ein elementarer Schutzmechanismus. Wenn ein Baby stundenlang allein gelassen wird und zu weinen beginnt, ist sein Weinen ein lebensrettendes Signal, das im Normalfall die Mutter herbeiruft: die nahrungspendende, sorgende, zärtliche Mutter, ohne die das Baby – wiederum im Normalfall – verloren ist. Würde das alleingelassene Baby keine Angst empfinden, würde es nicht weinen, dann würde die Mutter – in einem konstruierten, aber denkbaren Fall – eventuell nicht rechtzeitig erscheinen, um es zu stillen und vor Gefahren zu behüten. Die Natur hat sich also etwas dabei gedacht, ihren beweglichen Geschöpfen das Gefühl der Angst einzuflößen und ihnen damit die Chance zuzuspielen, sich aus bedrohlichen Situationen hinauszubegeben, und sei es auf dem Wege eines Geschreis, das Hilfe herbeiholt.

Diese wichtige und kreatürliche Angst des Babys verdichtet sich später im Erwachsenen zu einem gut funktionierenden Alarmsystem, das bereits vor dem

Eintritt in eine bedrohliche Situation, an der Schwelle sozusagen, Abkehrtendenzen einleitet. Wenn jemand auf einer gewundenen Bergstraße lieber stundenlang hinter einem Lastwagen dahinzockelt, statt riskant vorzufahren, hält ihn genaugenommen immer noch die Angst aus der Gefahrenzone heraus. Das heißt, weil keine Mutter mehr käme, um ihn vor plötzlich auftauchendem Gegenverkehr in der Kurve zu retten, appelliert die Angst an seine eigene Vernunft, von vornherein auf ein Überholmanöver zu verzichten, solange die Sicht unzureichend ist. Die Angst bewahrt uns vor Leichtsinn und Gedankenlosigkeit.

Aber wie bei vielen Dingen, ist auch hier die Dosis entscheidend. Eine Stunde Jogging beinhaltet bestes Körpertraining, sechs Stunden Jogging kann zum Herzanfall führen. Eine Fernsehsendung pro Woche ist informativ oder erbaulich, drei Fernsehfilme pro Abend töten »den Nerv«, die Familie und die Intelligenz. Auf die Angst bezogen: die Angst, in unübersichtlichen Kurven zu überholen, ist ein kostbares Gut, vielleicht die beste Ausstattung des Autofahrers überhaupt; aber eine ununterbrochene Angst, etwa vor Zusammenstößen, Abstürzen, Steinschlägen, Wetterumschwüngen, Reifendefekten und allen nur denkbaren Schrecknissen der Landstraße, würde einen Autofahrer dermaßen verunsichern, daß er, das Lenkrad umklammernd und im Schrittempo dahinschleichend, erst recht zur Gefahr für sich und andere würde. Wie es sich ohne jegliche Angst nicht sicher fährt, fährt es sich auch mit andauernder Angst nicht gut.

Nun gibt es eine Reihe von seelischen Störungsbildern, die, simpel ausgedrückt, auf nichts anderem basieren, als daß der »Angstpegel« bei einem Menschen aus der Balance geraten ist. Manchmal in Richtung einer verantwortungslosen Enthemmung, oft aber in Richtung einer übermächtigen, keineswegs schützenden, sondern – jetzt – krank machenden Angst. Einer Angst, die blockiert, behindert, Freiheit sukzessive hinwegfrißt. Jemand hat Angst vor Unfällen, also fährt er nicht mehr mit dem Auto. Er hat Angst vor Attacken von Unwohlsein unterwegs, also fährt er auch nicht mehr mit der Bahn. Er hat Angst vor Menschenmengen, also meidet er Hauptstraßen, Fußgängerareale und bevölkerte Plätze. Er hat Angst vor Infektionen, also will er keine Türgriffe und Ablagen in Geschäften berühren, was das Einkaufen schier verunmöglicht. Er hat Angst, überfallen zu werden, also wagt er sich auch abends nicht aus dem Haus. Schließlich hockt er in seinen eigenen vier Wänden als Gefangener seiner Ängste und findet keinen Ausweg mehr.

Überlegen wir daher stets, wenn wir den kribbelnden Druck einer Angst in uns fühlen, ob es sich um einen naturgegebenen Appell an unsere Vernunft handelt, Risiken in Grenzen und uns am Leben zu halten, oder ob es sich um Gaukeleien einer angeknacksten Psyche handelt, die Probleme und Bedrohlichkeiten wittert, wo sie nicht oder nur in vernachlässigbarem Umfang vorhanden sind. Ist eine schützende Angst am Werk, dürfen wir ihr dankbar folgen. Holt uns irgendwo und irgendwann eine krank machende Angst ein, ist sofortiger entschlossener Widerstand geboten.

Sich ihr zu beugen würde bedeuten, über kurz oder lang in eine therapiebedürftige Neurose hineinzuschlittern.

In der nachfolgenden Geschichte[17] ist dieses Problem auf humorvolle Weise angedeutet. Ein Seiltänzer zeigt seine Fähigkeiten. Die Zuschauer sind beeindruckt. Einer darunter wird gefragt, was er dem Artisten an Leistungskapazität zutraut. Diese Frage wandelt sich zur »Gretchenfrage«, sobald ihre Beantwortung Konsequenzen für den Zuschauer selbst haben soll.

Ergeht es uns nicht ähnlich mit der Frage, was wir *uns* zutrauen dürfen und können? Muten wir uns zuviel zu, nehmen wir uns zuviel vor, wagen wir zuviel, sind gefährliche »Seilstürze« vorprogrammiert. Ist unsere Meinung von uns zu gering, und bangen wir unnötigerweise um unsere Sicherheit und Gesundheit, werden wir zur Beute einer irrationalen Angstbesessenheit und verspielen – »festgezurrt am Mast« – exakt, worum wir fürchten: glückendes Leben. Es *ist* eine »Gretchenfrage«, mit der wir ständig aufs neue konfrontiert sind im Wissen, daß unsere Antwort Konsequenzen für uns haben wird.

In einer Stadt führte ein Seiltänzer in schwindelnder Höhe seine Kunststücke vor. Zum Schluß die Hauptattraktion: Er schiebt eine Schubkarre über das schwankende Seil. Als er sicher auf der anderen Seite angekommen ist, fragt er die Zuschauer, ob sie es ihm zutrauen, die Karre auch wieder zurückzuschieben. Die Menge klatscht begeistert Beifall.

Er fragt aber noch ein zweites Mal, und wieder erhält er zustimmenden Beifall. Dann fragt er einen einzelnen, der unten am Mast steht: »Sie, trauen Sie es mir auch zu, daß ich die Karre wieder zurückschiebe?« »Aber sicher!« ruft der zurück und klatscht. »Dann«, sagt der Akrobat, »kommen Sie doch herauf und steigen Sie ein, dann schiebe ich Sie hinüber!« – Nein, so hatte der es nicht gemeint, er wollte doch Zuschauer bleiben.

Die Ameisen und das wasserschaufelnde Ungeheuer

Kehren wir zurück zu unserer Behauptung, daß das Erbringen eines »Vertrauensvorschusses« über die Intensivierung der Lebensfreude hinaus eng verknüpft ist mit der Elimination von krank machender Angst. Eine Begründung für diese Behauptung steht noch aus und soll hiermit nachgeliefert werden.

Krank machende Angst ist, wie bereits dargelegt, Angst am falschen Platz. Überflüssige Angst. Angst dort, wo keine reale Gefahr droht oder zumindest keine, der es auszuweichen lohnt. Es ist nicht die Angst vor halsbrecherischen Aktionen, sondern die Angst, sich an jene unliebsamen Überraschungen auszuliefern, die jede Situation nun einmal an uns herantragen kann: zum Beispiel eine kleine Blamage, eine unerwartete Übelkeit, ein unangenehmes Zusammentreffen, ein schwacher Moment des Versagens. In der Phantasie des Überängstlichen blähen sie sich zu gigantischen Einbrüchen auf, die auszuhalten er sich nicht vorstellen kann. Er leidet an Untergangs- und Vernichtungsvisionen, die an den infantilen »Babystatus« erinnern, denn für ein Baby wäre ein Nicht-erhört-Werden seiner angstvollen Verlassenheitsschreie der absolute Untergang.

Da nun aber bei der krank machenden Angst im wesentlichen keine realen Bedrohungen mit im Spiel sind, müßte die Harmlosigkeit des Gefürchteten eigentlich irgendwann zutage treten und die Angst auslöschen. Daß dies nicht geschieht, was im Klartext heißt, daß auch mit der Zeit keine Abheilung der Panikanfälle zustande kommt, liegt an einem »teuflischen« Prinzip, das von Viktor E. Frankl an Hand zahlreicher Patientenstudien wissenschaftlich untersucht worden ist: Die krank machende Angst macht eben *krank*. Sie schwächt die Person, raubt ihr Ressourcen und sorgt für ein Abbröckeln ihrer Selbständigkeit. Damit läßt sie gleichzeitig das Gefürchtete immer realer werden: der Person ist immer öfter übel, oder sie versagt immer häufiger, sie wird immer weniger für voll genommen. Sie benimmt sich »komisch«, auffällig, und erntet dafür selten Verständnis und meistens Gelächter, soziale Ausklammerung, Diskriminierung, Bevormundung und eine Abstempelung als »verrückt«.

Was ursprünglich eine Ausgeburt der Negativ-Phantasie war, rückt bedrängend näher in echter »Ungeheuer«-lichkeit. Wer beim Autofahren an Unfälle denkt, baut Unfälle. Wer beim Bahnfahren an Atemnot und Herzbeklemmung denkt, prädisponiert sich für beides. Kaum schnappt er das erste Mal nach Luft, zieht ihm die Angst die Kehle ganz zu. Wer in Anwesenheit anderer Menschen an einen Fauxpas denkt, der ihm passieren könnte, hat ihn eine Minute später schon begangen... Die Angst fackelt nicht lange, sie zieht das mit Zittern und Zagen Erwartete magnetisch an.

Da hilft nur eines: der *Vertrauensvorschuß*. Wobei »Vorschuß« exakt meint, was das Wort besagt, nämlich daß er noch im Zustand des »Unvertrauens«, des verlorengegangenen Vertrauens, geleistet werden muß, geradezu im Moment der schlimmsten Vertrauenskrise. Ist dies nicht ein Widerspruch? Oh ja, und was für einer! Der »Spruch der Person wider ihre irrationalen Ängste«, der gesunde Trotz des Geistes gegenüber einem entgleisten Gefühlswirrwarr. Ein Widerspruch, der seelische Gefängnisse sprengt und Dimensionen einer Rückkehr ins normale Leben öffnet. Wie aber sieht er konkret aus?

Viktor E. Frankl definiert ihn unter dem Oberbegriff »Methode der Paradoxen Intention« kurz und bündig: Der Betreffende soll sich just dasjenige wünschen bzw. vornehmen, was er so sehr fürchtet. Autounfälle? Nichts besser als das! Endlich einmal eine kleine Abwechslung im langweiligen Straßenverkehr! Herzbeklemmung und Atemnöte? Nur herbei damit! Ein Sonderurlaub im Krankenhaus ist auch nicht zu verachten! Blamagen in Gesellschaft? Das ist der neue Partygag! Sämtliche Gäste zum Lachen bringen, das kann nicht jeder! – Der Widerspruch darf so blöde klingen, wie er will, und mit so viel Humor gewürzt sein, als man nur aufbringen kann, Hauptsache, er übertönt das Getuschel der Angst. Und er ruft hinein ins unendliche Sein das gar nicht blöde und sehr ernstgemeinte Vorschußvertrauen eines Menschen, der plötzlich bereit geworden ist, sich dem, was er als seine Vernichtung betrachtet, preiszugeben und sich vom tiefsten »Boden des Seins« auffangen zu lassen. So und nicht anders geschieht Rückgewinnung des Urvertrauens.

In der nachfolgenden (gekürzten) Geschichte von *Rafik Schami*[18] sind es Ameisen, die ihr Urvertrauen zurückgewinnen müssen. Sie haben es verloren, als die Angst in Gestalt eines großen aschgrauen Ungeheuers über sie hereingebrochen ist und ihnen angedroht hat, das Meer werde – von dessen Pranken an Land geschaufelt – überlaufen und sie ertränken. Das Angedrohte ist irreal und wird auch nicht wahr. Aber die Ameisen werden krank vor Angst und verhalten sich dementsprechend absurd. Sie füttern das Ungeheuer mit »Faulen« aus ihrer Gemeinschaft, unterwerfen sich selbsterwählten Aufsehern und arbeiten sich halb zu Tode. Allerdings nur, bis sie eines Tages bereit sind zum Widerspruch...

Und wann ist der eine oder andere von uns mutig genug, dem Ungeheuer aus seinen persönlichen Negativ-Phantasien die Stirn zu bieten? Ihm keck zuzurufen: »Nun mach schon! Laß das Meer überlaufen! Es wird langsam langweilig!« Wann ist er bereit zu erleben, daß der »Boden des Seins« viel bergender ist, als unsere gesamte Phantasie sich auszumalen vermag?

In einem tiefen Loch unter der Erde lebten einst viele Ameisen. Sie bauten fleißig an ihrem Ameisenstaat, sorgten für Vorräte und für ihren Nachwuchs. Sie verstanden sich gut, und sie stritten sich auch, so wie Tausende, ja Millionen von anderen Ameisen es tun.

Eines Abends war eine Ameise nicht heimgekommen. Als es dunkel wurde, sorgten sich die anderen immer mehr. »Ob sie sich verlaufen hat?« »Vielleicht ist sie verwundet?« fragten sie sich, und eine große Unruhe breitete sich im Ameisenstaat aus. Endlich, um Mitternacht, kam die Spätheimkehrerin zurück. Mit blassem Gesicht betrat sie die Höhle, wo sie sofort mit Fragen überhäuft wurde. »Erzähle uns, was los war!« Und sie erzählte: »Nach der Arbeit wollte ich noch spazierengehen, da packte mich ein großes, aschgraues Ungeheuer. Seine Augen blitzten, und sein Maul hatte gewaltige Zähne. Es sagte, es habe uns in der Hand und könne uns mit einem Schlag vernichten.«

Die Zuhörer erstarrten vor Schreck. Die Ameise setzte ihren Bericht fort: »Wenn wir ihm aber jeden Tag zehn Ameisen abliefern, will es uns leben lassen.« Eine der Zuhörerinnen fragte aufgeregt: »Und wie will es uns töten?« »Es kann das Meer überlaufen lassen und uns darin ertränken.« »Oh, daran mag ich gar nicht denken. Vor Jahren habe ich eine Überschwemmung überlebt. Du warst noch nicht geboren. Es war grauenhaft«, erinnerte sich eine alte Ameise. »Du hast recht«, stimmte eine andere zu. »Ich war damals noch sehr jung und bin nur durch einen Zufall den Fluten entkommen.« Nachdem sie dies gesagt hatte, herrschte Totenstille im großen Raum …

Die Ameisen wählten aus ihrer Mitte zehn zu ihren Aufsehern. Dieser Aufseherstab nahm seine Arbeit auf, und schnell befanden sich genügend Ameisennamen auf seiner Liste. Wenn eine nur hinkte, wurde sie aufgeschrieben. Wenn eine andere nach der schweren Arbeit etwas länger nach Luft schnappte, wurde auch sie erfaßt. Tränenden Auges verließen dann jeweils bei Sonnenuntergang zehn solch »weniger fleißige« Ameisen das Loch. Zwei Aufseher begleiteten sie über den Feldweg, durch den Wald, und übergaben sie dem fürchterlichen Monster, das am Meer hauste...

Es verging ein Sommer voller Angst für den Ameisenstaat. Bald steigerte das Ungeheuer sogar seinen Appetit und verlangte nun elf statt zehn Ameisen. Da formierte sich unter der Leitung von zwei besonders tapferen Ameisen namens Lali und Sali eine Elfergruppe zum Widerstand. Als die Aufseher sie aufforderten, den Weg zum Ungeheuer anzutreten, war die Gruppe weder müde noch traurig, sondern hellwach. Unterwegs fing eine Ameise jedoch zu zittern an. Lali ging an ihrer Seite. »Ich habe große Angst.« »Ich auch«, gestand Lali, »aber meine Mutter sagte mir früher einmal, die Angst einer einzelnen Ameise wird kleiner, wenn sie sich mit anderen zusammenschließt. Laß uns deshalb unsere Angst zusammentun.«

Die Ameise lächelte, und in der Tat spürte sie, wie ihre Angst geringer wurde. Nach und nach faßten sich alle bei den Händen und merkten, daß die Angst von ihnen wich. »Als ob sie zu einer Hochzeit gingen«, flüsterte verwirrt ein Aufseher. »Aber was für eine...«, spottete der andere. »Ist das Ungeheuer wirklich so groß?« fragte Sali und zwang sich zu einem Lächeln. »Ja, groß wie ein Baum«, antwortete einer der Aufseher und streckte seine Hände gen Himmel. »Dann bin ich ja beruhigt.« Sali lachte schallend. Damit verunsicherte sie nicht nur die Aufseher, sondern auch ihre Freundinnen, die sie mit geweiteten Augen anstarrten.

»Kennt ihr die Geschichte von der Wespe und dem Elefanten?« Sali blickte keck. »Nein. Was ist das für eine Geschichte?« fragte ein Aufseher neugierig. »Eine Wespe hörte eines Tages einen Elefanten damit protzen, er sei das stärkste Tier auf der Erde, selbst der Löwe würde ihn meiden. Die Wespe sagte dem Elefanten, er solle nicht so angeben, sie sei viel stärker als der größte Elefant seiner Herde. Der Elefant war beleidigt. ›Hau ab, sonst zermatsch ich dich!‹ Aber die Wespe rief ihm zu: ›Wollen wir wetten, daß ich dich zum Weinen bringen kann?‹ ›Aber gerne‹, antwortete der Elefant. ›Na gut‹, meinte die Wespe. ›Du beißt zuerst mich, und dann beiße ich dich.‹ Der Elefant lachte laut, so laut, daß alle Tiere Angst bekamen. Er sperrte sein Maul auf, um die Wespe, die um seinen Rüssel kreiste, zu beißen. Blitzschnell flog die Wespe in sein großes Maul und stach ihn in seine weiche Zunge. Der Elefant schrie auf vor Schmerz und sperrte sein Maul dabei weit auf. Da konnte die Wespe entwischen. Der Elefant aber tobte und weinte bitterlich. Alle Tiere lachten vergnügt über ihn.«

Die elf Ameisen bekamen durch diese Fabel großen Mut und schritten sicherer voran. Auf einer Lichtung im Walde hielten die Aufseher an. »Wir sind da!« riefen sie in das Dikkicht hinein. Der Boden bebte, und aus dem Unterholz der Bäume trat ein widerliches Ungeheuer. Es lachte schallend. »Ihr seid heute aber früh dran.« Die Ameisen erschraken, doch Lali hatte sich schnell wieder gefaßt. »Es kann doch mit seinen Pranken überhaupt kein Wasser schaufeln«, flüsterte sie ihrer Nachbarin ins Ohr. »Sie sind zwar scharf wie Messer, aber schaufeln kann es damit nicht.« Der Nach-

barin fiel das jetzt auch auf, und sie gab diese Beobachtung an die anderen weiter.

»Wir sind deshalb heute so früh dran, weil diese Ameisen an deiner Kraft zweifeln«, sagten die Aufseher unterwürfig. Das Ungeheuer glotzte mit blutunterlaufenen Augen. »Ja, wir möchten deine Macht sehen, bevor wir sterben!« Sali richtete sich kerzengerade auf, damit das Ungeheuer ihre Angst nicht bemerkte. »So, so!« rief das Ungeheuer. »Dann folgt mir, ich zeige es euch.« Es stampfte in das Dikkicht zurück, und die Ameisen folgten ihm. Hinter dem Wald begann das große Meer. Das Ungeheuer überquerte den Sandstrand, trat einige Schritte in die Brandung und zog mit seinen Pranken Welle für Welle an den Strand heran.

»Es soll aufhören!« Zwei Ameisen schlossen ängstlich ihre Augen. »Nein, seht doch, das Wasser fließt wieder zurück.« Lali hüpfte aufgeregt von einem Bein auf das andere. »Natürlich, ich habe es ihm befohlen«, zischte das Ungeheuer. Sali und Lali sahen aber, daß, auch während das Ungeheuer redete und mit seiner Pranke in der Luft fuchtelte, die Wellen hin und her rollten. »Dann versuche doch, es festzuhalten.« Das Ungeheuer blickte verärgert. »Nun mach schon, es wird langsam langweilig!« rief eine junge Ameise übermütig.

Das Ungeheuer stampfte wütend im Wasser, beugte sich nieder und breitete seine Vorderpranken aus, um das zurückflutende Wasser aufzuhalten. Aber neue Wellen schlugen wuchtig über ihm zusammen und warfen es um, so daß sein Kopf ins Wasser eintauchte und seine Hinterpranken aus der Flut ragten. Hustend, prustend und fluchend richtete es sich wieder auf und spuckte das salzige Wasser aus. Die

Ameisen verschwanden unter den Blättern der Büsche. Sie hörten das Ungeheuer noch hinter den Aufsehern herschreien: »Ihr dämlichen Idioten, warum habt ihr mir diese Abtrünnigen gebracht!« Die glücklichen Ameisen aber machten sich unverzüglich auf den Heimweg. Zu Hause angekommen, erzählten sie den Versammelten, was sie erlebt hatten. Alle fielen sich vor Freude um den Hals und atmeten erleichtert auf.

Eine Kruste von unschönen Schwefelkristallen

Blicken wir ausnahmsweise noch einmal auf die soeben gelesene Geschichte zurück. Was hat die elf tapferen Ameisen in ihrem unglaublichen Vertrauensvorschuß bestärkt? Punkt 1: *die Gemeinschaft* (... faßten sich bei den Händen und merkten, daß die Angst von ihnen wich). Punkt 2: *das Vorbild* (die Erzählung von der Wespe und dem Elefanten). Punkt 3: die *Konfrontation mit der angstbesetzten Situation* (»Ja, wir möchten deine Macht sehen, bevor wir sterben!«).

Ein zusätzlicher Aspekt ist ebenfalls tröstlich. Wann immer jemand – nicht eine »Symbol-Ameise«, sondern ein ängstlicher Mensch – einer wirklich gefährlichen, schwierig zu meisternden Situation begegnet, der er nicht ausweichen kann, wächst er ein Stück über sich selbst hinaus. Im unmittelbaren Gefordertsein steigen in ihm Kräfte hoch, an deren Existenz er zuvor nicht geglaubt hätte. Wiederholt ist dies in der Praxis beobachtet worden. Menschen, die jahrelang wegen überproportionaler Ängste in psychotherapeutischer Behandlung gestanden sind, erwiesen sich bei Flugzeug- oder Schiffsunglücken als tollkühne Retter. Labile, leicht zu verunsichernde Persönlichkeiten wurden in Hungerszeiten zu geschickten, findigen Überlebenskünstlern. Hypochonder und Personen, die kein Blut sehen konnten, ohne in Ohnmacht zu fallen, mauserten sich im Krieg zu wackeren Lazarettgehilfen.

Es scheint so zu sein, daß das Gesamtkräftepotential des eher pessimistisch veranlagten Menschen nur in die eine oder andere Richtung dirigiert werden kann: in die Richtung eines Ausbrütens und Nährens von »eingebildeten« Schreckgespenstern oder in die Richtung einer aktiven Bewältigung von kniffeligen Gegebenheiten. Fehlen echte Bewältigungsherausforderungen, nisten sich die Schreckgespenster ein und umgekehrt: treten echte Bewältigungsherausforderungen auf den Plan, verflüchtigen sich die Schreckgespenster. Weshalb man (wie Viktor E. Frankl in seiner Neurosenlehre betont) eigentlich nichts Weiseres tun kann, um ängstlichen Menschen zu helfen, als sie sanft zu belasten (!) – mit sinnvollen Aufgaben in der Realität. Dann nämlich kann sich als Punkt 4 beim Erbringensollen von Vertrauensvorschüssen *die Erfahrung eigener Kräftezuflüsse* positiv auswirken, das Wissen sozusagen, mehr Kräfte zu haben, als man glaubt, sobald deutlich geworden ist, wofür man sie braucht.

Im nachfolgenden Textabschnitt von *Wladimir Lindenberg*[19] beschreibt der Autor eine »Kruste von unschönen Schwefelkristallen«, mit der wir uns gelegentlich umgeben. Sie hängt uns an und hängt uns nach. Sie bindet Kräfte, die nicht mehr frei sind. Sie stinkt gleichsam zum Himmel. Aber sie muß nicht sein. Man kann sie auch ablegen. Und nicht selten ist es paradoxerweise ein ernstes Ereignis, das als Resonanz die Kruste abfallen läßt. Noch besser leben wir jedoch, wenn wir sie uns erst gar nicht aneignen...

Wieviel Kräfte verbrauchen wir dafür, um uns freudlos und unglücklich zu machen! Wir umgeben uns im Laufe vieler trübseliger Jahre mit einer Kruste von unschönen Schwefelkristallen, und unbewußt warten wir auf den Prinzen aus dem Märchen, der sich über uns beugt und uns von der Kruste befreit. Es mag ein Prinz kommen, aber das kann viele Jahrzehnte dauern. Befreien kann man davon immer nur sich selbst, denn es sind eingebildete Krusten, gesponnen aus den grauen Gedanken, daß Menschen uns nicht mögen oder uns Böses antun wollen, daß man hinter unserem Rükken über uns klatscht, daß man uns Fallen stellt, daß man uns unsere Stellung, unseren Ruf, unseren Besitz entreißen möchte. Es sind Millionen von Menschen, die so leben und die von der Wirklichkeit solcher Verhältnisse überzeugt sind. Sie sind schwach und unsicher, und sie lieben die Welt und die Menschen nicht, sie beachten nur sich selbst und beziehen alles auf sich. Und dieses ungute Selbst, diese böse Hexe aus dem Märchen, die man selber ist, sie spinnt jene unguten Fäden der Panik, des Verfolgungswahns, der Verdächtigungen um uns.

Die Menschen haben Angst, Angst vor einer ungewissen Zukunft, Angst vor einem Krieg, Angst vor Krankheit, vor dem Verlust von nahen Menschen und Angst vor dem Tode. Ich habe die Erfahrung gemacht, wenn sie vor Ereignissen standen, vor denen sie Angst hatten in dem Augenblick der Konfrontation mit dem Ereignis, daß sie allen ihren Mut zusammenrafften und in wunderbarer Weise gefaßt und gelassen den beängstigenden Dingen entgegentraten. Manche brüsten sich dann später ihres Mutes. Die meisten aber haben durch das Erlebnis, durch das sie hindurchgegangen sind, einen Sprung nach vorn gemacht. Sie sind zugleich bescheidener und demütiger geworden, und sie haben es deutlich gespürt, daß nicht sie die Mutigen waren, sondern daß eine andere geheimnisvolle Kraft sie wie schützend umgab.

Es gibt viele grundlegende Ereignisse im Leben des Menschen, die sich wie ein Stigma in seine Geschichte einbrennen; sie leben in ihm weiter, und er wird sie nie vergessen. Für den Pessimisten sind es oft die schrecklichen Erlebnisse, für jenen, der »auf dem Weg ist«, sind es Erlebnisse der Verklärung.

Eine Glasscherbe am Kinderspielplatz

Die Angst hat eine Freundin, die ihr ebenbürtig ist und sich häufig Arm in Arm mit ihr in einem Menschenleben einnistet: das Mißtrauen. Auch diese Freundin nimmt für sich in Anspruch, im ursprünglichen Sinne Schutzfunktion auszuüben. Kinder lernen zum Beispiel, Fremden gegenüber mißtrauisch zu sein, insbesondere, wenn diese Fremden ältliche Männer sind, die mit Bonbons zum Einsteigen ins Auto einladen. Hausfrauen und alleinstehende Hausbewohner wiederum werden mit dem guten Rat bedacht, Hausierern, Versicherungsmaklern und sonstigen ungebetenen Besuchern gegenüber ein gesundes Mißtrauen walten zu lassen, insbesondere, wenn diese die Wohnung betreten oder eine Unterschrift einkassieren wollen. Ja, die Freundin der Angst ist eine vorsichtige Dame, die mit der Illusion, daß alle Menschen nur von netten Absichten beseelt seien, energisch aufräumt.

Aber leider neigt unsere Dame »Mißtrauen« zu Übertreibungen. Gerade im Verbund mit der Angst ist sie so stark, daß sie undifferenziert drauflosmarschiert und kein Pardon mehr kennt. Dann wird allen, die des Weges kommen, ein greuliches Motiv unterschoben: heimliche Gier, versuchte Bestechung, verborgene Schadenfreude, verdeckte Betrugsabsicht und was es sonst noch an perfiden Beweggründen gibt. Jemand lädt mich zum Gartenfest ein? Sicher braucht er mich als Notnagel, falls ein Gast ausfällt. Jemand schenkt mir einen selbstgebackenen Kuchen? Wahrscheinlich will er sich bei mir einschmeicheln. Jemand erzählt mir vom Schulerfolg seines Sohnes? Offenbar will er herauskehren, wieviel besser sein Sohn lernt als meiner. Jemand fragt mich, wie es mir beruflich geht? Klar, er will meinem Chef zuflüstern, was ich über ihn rede. – Die Dame »Mißtrauen« hat Ideen, das muß man zugeben, erstaunlich abstruse

Ideen, wie sie Produzenten von Horrorfilmen das Herz höher schlagen ließen.

Und sie ist modebewußt, die Dame. Greift mit Leichtigkeit aktuelle Gesellschaftsströmungen auf und verwertet sie für ihre Zwecke. So sind etwa tiefenpsychologische Interpretationen ihrer Ideen eine willkommene Abwechslung für sie. Eine Frau wird schwanger? Na, die will sich unbewußt an ihrem Freund rächen, indem sie ihn zur jahrelangen Alimentationszahlung verpflichtet. Sie gibt das Neugeborene vorübergehend zu ihrer Mutter, um den begonnenen Lehrgang abzuschließen? Sonnenklar, die innere Ablehnung des unerwünschten Kindes wird nicht offen eingestanden. Sie hat Divergenzen mit ihrer Mutter bezüglich des Erziehungsstiles? Logisch, sie projiziert ihre eigenen Mutterkonflikte auf die Oma-Enkel-Beziehung. Sie schreibt das Kind im Kindergarten ein? Sie will der Mutter eins auswischen, indem sie ihr das Enkelkind wieder entzieht. – Der Dame »Mißtrauen« gebührt wahrlich der erste Preis im Entlarven und Aufdecken unechter Motive und pathologischer Auswüchse! Und wenn manch Echtes dabei ist, das irrtümlich als Unechtes mitentlarvt wird, ist das für sie auch nicht weiter tragisch.[20] Für die Menschen jedoch, in deren Leben sie sich einnistet, ist es tragisch. Denn ungerechtfertigte Unterstellungen und Verdächtigungen kränken das Gegenüber, verletzen, treiben einen tief sitzenden Stachel in die Seele des anderen, der lange schwärt. Und sie beschämen genauso diejenigen, die sie in die Welt setzen. Vergiften ihre Gedanken und verleiten zu Angriffen, wo keine Verteidigung vonnöten ist. Am Ende bleiben auf beiden Seiten Scherben zurück.

In der nachfolgenden Geschichte von *Leo Thurgau*[21] wird auch von Scherben erzählt. Von Scherben zweierlei Art. Da ist die Glasscherbe am Kinderspielplatz, die eine liebe Person vorsorglich entfernt. Und da sind die Scherben im mitmenschlichen Gefüge, die das Mißtrauen eines Wärters erzeugt. Wer weiß, vielleicht gibt es überhaupt nur diese zwei Kategorien von Menschen: die einen, die Scherben entfernen, und die anderen, die Scherben erzeugen? Spricht doch auch Viktor E. Frankl von den zwei einzigen »Menschenrassen«, nämlich der »Rasse« der anständigen und der »Rasse« der unanständigen Menschen, wobei die »Rassentrennung« quer durch alle Nationen, Hautfarben und Parteien verläuft...

Sollten wir uns jedenfalls der ersten Kategorie zuordnen wollen, müßten wir in Zukunft auf die Begleitung der Scherbenlady »Mißtrauen« verzichten, selbst wenn sie uns »den Arm reicht«. Das heißt, wir müßten in Kauf nehmen, das eine oder andere Mal getäuscht und hintergangen zu werden um der Gewißheit willen, keinem weh zu tun, der es nicht verdient. Ein hoher Gewinn für einen erschwinglichen Preis!

Müde geht eine alte Frau durch den Stadtpark. Ihr Weg führt sie an einem Kinderspielplatz vorüber. Dort sind viele Kinder. Die meisten laufen barfuß. Vergnügt tummeln sie sich auf einem Sandhaufen. Ein Wärter steht in der Nähe und paßt auf.

Die alte Frau schaut den Kindern zu. Plötzlich bückt sie sich, hebt etwas auf und verbirgt es unter der Schürze. Gleich ist der Wärter an ihrer Seite und fragt: »Was haben Sie unter Ihrer Schürze versteckt?« Die Frau ist ein wenig verwirrt. Sie kann nicht sofort antworten. Der Wärter denkt: »Sie hat vielleicht einen Geldbeutel gefunden und will ihn nicht abgeben.« Er droht: »Ich muß Sie mitnehmen, wenn Sie nicht sagen, was Sie unter der Schürze haben.«

Da entfaltet die Frau langsam ihre Schürze und zeigt dem Wärter eine Glasscherbe. Erstaunt fragt der Mann: »Was wollen Sie damit anfangen?« Die Frau antwortet: »Ich dachte nur, ich will sie wegnehmen, damit die Kinder mit ihren bloßen Füßen nicht hineintreten.« – »Verzeiht!« spricht der Wärter.

Die Erkrankung an einem anderen Krebs

Wir wollen hoffen, daß die alte Frau im Stadtpark verzeiht, und nach allem, was wir in der Geschichte über sie gehört haben, dürfen wir sie auch so einschätzen. Aber der Stachel des Gekränktwordenseins sitzt im allgemeinen tief, wie bereits angeklungen. Manche überwinden ihn nie. Irgendwer hat ihnen einmal Ablehnung, Mißtrauen oder Mißgunst entgegengebracht, sie ungerechtfertigt attackiert oder gar verleumdet. Daraufhin wollen sie sich keinen Schlägen mehr aussetzen und verkriechen sich ins Schneckenhaus. Ein nicht unerheblicher Prozentsatz der Patienten psychotherapeutischer Praxen tut dies seit langem. Bald entdecken die Betreffenden, daß das Schneckenhaus noch einen weiteren Vorteil bietet. Darin ist die Welt »stimmig«, denn es gilt ja nur ihre eigene Auffassung von der Welt. Niemand widerspricht ihnen, niemand stößt sie mit der Nase auf Irrtümer, im Schneckenhaus sind sie »unfehlbar«. Warum sollten sie sich draußen mit den »bösen anderen« und deren infamen Ansichten herumschlagen, wenn sie im zurückgezogenen Zustand unangefochten vor sich hin leben können?

Wir sehen, wie die Dame »Mißtrauen« zwischen Opfern und Tätern genüßlich hin- und herpendelt, stets Arm in Arm mit ihrer Freundin, der Angst. Diese zieht Barrieren eisigen Schweigens zwischen Tätern und Opfern hoch und mauert sie alle gnadenlos ein. Es sei denn, einer von ihnen durchschaut ihre Machenschaften und verläßt aufrechten Ganges sein Schneckenhaus, um denjenigen die Hände entgegenzustrecken, die er verdächtigt hat oder die ihn verdächtigt haben, wie es auch sei. Der Vertrauensvorschuß macht's möglich zu begreifen, daß keiner der anderen »ganz böse« und keiner selber »ganz gut« ist.

In dem nachfolgenden Textfragment von *Wladimir Lindenberg*[22] vergleicht der Autor, der von Beruf Arzt ist, den angedeuteten Rückzug ins Schneckenhaus mit einer Krebsart, die zur Vorstufe echter Krebserkrankung werden kann. Denn die Barrieren, die Angst und Mißtrauen unter dem Vorzeichen eines Schutzwalles um viele von uns herum errichten, schützen nur scheinbar. Gewiß strömt weniger Verletzendes auf uns ein, aber es strömt dann auch weniger Liebevolles von uns aus; und ob das jeweils Empfangene oder das jeweils Gegebene im Leben krank macht bzw. gesund erhält, ist medizinisch nicht eindeutig geklärt. In der Seelenheilkunde, das ist sicher, überwiegen die Argumente dafür, *daß das jeweils Gegebene* über Krankwerdung oder Gesundbleibung entscheidet.

Viele erkranken an einem anderen Krebs, ehe sie diese Krankheit wirklich haben: es ist die Selbstgerechtigkeit, der Glaube an die eigene Unfehlbarkeit, die Gleichgültigkeit gegenüber fremden Schicksalen, die Lieblosigkeit und die Routine. Routine tötet jedes ursprüngliche Gefühl, sie ist der wahre und viel schlimmere Krebs in unserer komplizierten Gesellschaft. Es ist ein Panzer, der um den Menschen wächst, ohne daß er es selbst merkt; er entsteht aus vielen Enttäuschungen und Kränkungen, aus unliebsamen Begegnungen, aus Aggressionen und Ängsten. Um sich davor zu schützen, baut man eine Chitinschicht um sich. Es kommt zwar nicht mehr so viel an einen heran, es kommt aber auch nicht mehr viel aus einem heraus. Die Liebe verkümmert im eigenen Herzen.

Geschichten zum Thema Perspektivenwandel

Der Grasfresser auf Öland

Die soeben abgehandelte pathogene Komponente des chronischen Mißtrauens leitet nahtlos über zur teils erheiternden, teils traurigen Problematik divergenter Sichtweisen. Wie wir die Dinge des Lebens sehen, dementsprechend gehen wir mit ihnen um. Wie wir unsere Situationen deuten, so kommen wir mit ihnen zurecht. Da uns ein alle Details umfassender Gesamteindruck nie gewährt ist, ist das aus der subjektiven Perspektive Erfaßte unsere ganze Information, und eine falsche Optik das schärfste Messer, in das wir hineinlaufen können.

Deshalb stellt es ein wichtiges therapeutisches Instrument der Logotherapie dar, korrekturbedürftige Sichtweisen von Patienten in Frage zu stellen, was mit Hilfe der »Methode der Einstellungsmodulation«[23] geschieht. Wobei es selbstverständlich der Patient ist, der seine eigene Einstellung zu gewissen Sachverhalten modulieren soll, indem er zum Beispiel eine achtungsvollere, weniger emotional aufgeheizte und flexiblere Einstellung wählt als bislang, und nicht der Therapeut ist, der ihm eine vom psychohygienischen Standpunkt aus nützlichere aufoktroyieren will. Wann aber ist ein Patient damit einverstanden, seine Perspektive zu wandeln und sich und seine Umgebung in verändertem Lichte anzuschauen? Nun, am ehesten dann, wenn seine Sicht nicht von vornherein als »falsche« disqualifiziert wird, sondern ihm niveauvoll offenbart wird, daß sie nicht die einzig denkbare Sicht ist und daß es sich lohnen könnte, auch andere Denkbarkeiten zuzulassen und miteinander durchzuspielen. Spielerisch wird Ernstes, träumerisch Wahres gefunden.

Viktor E. Frankl verwendet in diesem Zusammenhang das Gleichnis von mehreren Kindern, die von den verschiedenen Fenstern ihrer Schule aus eine Kathedrale bewundern. Eines der Kinder mag ausrufen: »Die Kathedrale hat aber einen hohen Turm!« Ein zweites Kind, für das der Turm hinter einer dicken Litfaßsäule verborgen liegt, mag sich darüber entrüsten: »Wieso denn? Ich sehe nur ein flaches Dach!« Und ein drittes Kind, das die Kathedrale von der Seite aus wahrnimmt, mag beide auslachen und sagen: »Ihr Dummen! Sie hat doch sogar ein zweites Türmchen. Wie könnt ihr so blind sein?« Das letztzitierte Kind hat zweifellos die beste Beobachtungsposition inne, das mittlere Kind die schlechteste. Therapie kann unter anderem darin bestehen, ein solch mittleres Kind an die Hand zu nehmen und behutsam zum Fenster des letztzitierten Kindes zu führen, auf daß es demnächst »weniger blind« ist. Allerdings in aller Bescheidenheit und im Bewußtsein, daß durch keines der Fenster die Kathedrale in ihrer Vollständigkeit, ihrer äußeren Mächtigkeit und inneren Andächtigkeit total erfaßbar ist.

Nicht immer braucht es dazu einen »Führer«, der einen an die Hand nimmt. Auch dies ist eine Möglichkeit: aus eigener Initiative von Fenster zu Fenster zu schreiten und die Kathedrale erst sorgsam zu begutachten, ehe man sich auf ein inneres Abbild von ihr festlegt. Und gar, ehe man ein Urteil über sie fällt. Angst ist oft ein Spähen aus einem winzigen Guckloch: »Uh, schrecklich hoch! Wenn *das* über mir zusammenstürzt!« Mißtrauen ist oft eine vorschnelle Beurteilung nach kurzem Blick hinaus: »Was für ein Steinberg! Es muß entsetzlich kalt und finster darin sein. Da bleib' ich lieber in der Schule!« Um die majestätische Schönheit einer Kathedrale wahrzunehmen, muß man sich für einen Rundgang Zeit gönnen und sich vorurteilsfrei auf ihren Anblick einlassen. Täten wir dies öfter, auch bei unseren lieben Mitmenschen, wären wir in vieler »Hin-Sicht« weniger blind.

Das nachfolgende *Volksmärchen aus Schweden*[24] bringt das Gesagte sehr drastisch auf den Punkt. Unvermutet liegt eine Sichel auf einem Stück abgemähter Wiese. Da sonst niemand vorhanden ist, muß die Sichel das Gras gefressen haben. Ein logischer Gedanke aus der Perspektive eines Fensters. Ein zweites Fenster, aus dem die Sachlage anders aussehen könnte, wird nicht mehr konsultiert. Dafür wird der Grasfresser vorschnell als »Feind« eingestuft: Vielleicht frißt er ja nicht nur Gras, sondern auch Menschen! In der Geschwindigkeit wiederum ein logischer Schluß. Ließe man sich etwas Zeit zur Meinungsbildung, würde man diese Meinung angesichts der Unbeweglichkeit der Sichel alsbald revidieren. Doch das Gegenteil geschieht: Im sinnlosen Eindreschen auf die Sichel bewegt sie sich tatsächlich und verwandelt sich zu dem, als das sie gesehen ward: zum Feind.

Lernen wir daraus: Die falschen Perspektiven verändern nicht nur unsere Vorstellung von der Wirklichkeit, sie verändern auch die Wirklichkeit. Sind es im negativen Sinne falsche Perspektiven, wird die Wirklichkeit zu einer noch negativeren, als sie schon ist. Aber der Spieß ist umdrehbar. Statt uns permanent über Negatives aufzuregen, können wir auch unsere Sicht darüber positivieren und abwarten, was geschieht. Am Ende verwandelt sich manch vermeintlicher Grasfresser zur harmlosen Sichel am Boden.

Es war einmal ein Smâländer, der war mit einem Pferd hinüber nach Öland gekommen und wollte es dort auf einem Markt verkaufen. Damit er es kostenlos füttern konnte, hatte er eine Handsichel mitgenommen, und da war er auf einer Wiese gewesen und hatte Gras geschnitten und die Sichel dort vergessen.

Am Morgen darauf kam ein Öländer und sah, daß ein Stück von der Wiese abgegrast war. Und mitten auf diesem Stück lag ein Ding, das nichts anderes sein konnte als irgendein Tier, weil es doch Gras fressen konnte. Und der Öländer ging gleich in den nächsten Hof, und dort erzählte er, daß da ein gefährliches Tier sei, ein Grasfresser, der in ihr Land gekommen war.

Die Leute liefen mit Stöcken und langen Stangen hin. Und die am dreistesten waren, die schlugen auf den Grasfresser, und da hüpfte er in die Höhe. Aber sie wurden immer dreister und dreister, und schließlich gab einer dem Grasfresser einen solchen Schlag, daß dieser hoch hinaufsprang und dem Öländer um den Hals hängenblieb. Der erschrak so sehr, daß er es nicht wagte, sich zu rühren. Aber ein anderer war da, der wollte richtig tapfer sein und wollte ihn aus der Gefahr erretten, und da springt er vor und reißt am Griff, so heftig, daß dem anderen der Kopf abging. Da ergriffen alle Öländer die Flucht. Keiner wagte sich mehr an diese Stelle, bis sich der Småländer wieder auf den Rückweg machte. Er bemerkte seine Sichel und nahm sie mit sich nach Småland.

Die Weisheit des Narren

Um im Leben nicht ähnlich schnell wie im Märchen »den Kopf zu verlieren«, gibt es einige gute Tips, wie es uns gelingen kann, unsere innere Einstellung auf heilsame Art zu modulieren. Einer davon lautet: *Betrachte das Komplimentärsegment.* Wenn du einen Nachteil siehst, halte Ausschau nach dem Vorteil, der damit verbunden ist. Wenn dir etwas weggenommen wird, hole dir in Erinnerung, was dir zuvor zugestanden worden ist. Wenn dich ein Schicksalsschlag ereilt, überlege, wie lange er damit gezögert hat. Wenn dir jemand über den Weg läuft, der mehr Glück erfahren hat als du, wende dein Auge denen zu, die mit größerem Unglück fertig werden müssen. Da nun einmal alles zwei Seiten hat, eine »Tag-« und eine »Nachtseite« (Gustav Theodor Fechner), ist es gegen den natürlichen Rhythmus, sich auf die Nacht allein zu fixieren. Selbst wenn es Nacht *ist*, ist es nicht verboten, dem heraufdämmernden Tag entgegenzuhoffen. Und wären es die letzten Stunden eines Menschenlebens, und wären sie Nachtstunden, wäre es nicht verboten, vom vorhergehenden Tag zu zehren und dessen Nachglühen im Sternenschimmer zu erahnen. *Weil* eben Tag und Nacht im ewigen Wechsel zueinander stehen, existiert »Nacht pur« nicht. Existiert kein Leid und kein Dunkel von Unerhellbarkeit.

Hier einige Beispiele dazu aus dem Bereich, den Viktor E. Frankl »Ärztliche Seelsorge« nennt. Nacht: Einer 37jährigen Frau wird zusammen mit 172 weiteren Mitarbeitern gekündigt, weil die Firma geschlossen wird. Jetzt muß sie den Gürtel enger schnallen. Tag: Endlich hat sie eine Verschnaufpause, kann sich streßfrei ihrem Kind widmen, kann viel wandern und Sport treiben und bekommt die Bewilligung, umzuschulen und Neues zu lernen. Nacht: Eine 61jährige Rentnerin wird von ihrem Mann nach 30jähriger guter Ehe wegen einer jüngeren Frau verlassen und steht plötzlich allein da. Tag: Niemand kann ihr die 30 Ehejahre wegnehmen, die bereits gelebt worden sind. Und niemand kann ihr verwehren, ihre künftigen Jahre in einer Selbständigkeit zu gestalten, die sie im Rahmen der Partnerschaft wahrscheinlich nicht entwickelt hätte. Nacht: Ein 51jähriger Mann erfährt beim Arzt, daß ein inoperabler, bösartiger Tumor in seinen Eingeweiden wuchert. Tag: Ein halbes Jahrhundert gesunde Lebenszeit war ihm geschenkt worden, mehr als Millionen anderen Menschen. Als kleine Draufgabe erhält er noch eine winzige Verlängerung, gerade genug, um zu ordnen, was in »Unordnung« ist, und sich von seinen Lieben zu verabschieden.

In der nachfolgenden Gute-Nacht-Geschichte von *Eva Fiedler*[25] geht es ebenfalls um die Betrachtung des Komplimentärsegments, zu der sich ein König nicht aufrafft. Deshalb stürzt ihn jeder Tag in Verzweiflung, weil er während des Tages bereits die dräuende Nacht vor Augen hat. Er sieht sein Land vom Mißgeschick verfolgt, und die Nachrichten, die er vernimmt, geben ihm recht. Auf diese Weise kann und will er nicht leben und sagt der Welt ab. In psychotherapeutische Terminologie übersetzt: er verfällt einer schweren Depression.

Schließlich ist es ein Narr, der ihn kuriert. Woraus aber besteht das »Antidepressivum«, das dieser dem König verabreicht? Aus einem einfachen Umkehrakt: die Dinge werden auf den Kopf gestellt... Könnten wir dieses »Antidepressivum« nicht auch in *unserem* Medikamentenschränkchen aufbewahren, für Notfälle sozusagen? Es macht garantiert nicht süchtig und erzeugt auch keine unangenehmen Nebenwirkungen. Freilich, es hilft nicht bei allen Depressionen, insbesondere nicht bei den ererbten zyklisch wiederkehrenden endogenen Depressionen. Aber bei der »Königskrankheit«, die verbreiteter ist, als man denkt, und zwar durchaus auch bei uns schlichten »Untertanen«, ist es von hoher Heilkraft.

Es war einmal ein Land, in dem herrschte ein König, der war gut und edel wie kein anderer. Nun hatte der König einen Narren, der war gleichermaßen beliebt am Hofe wie beim Volke. Sein Lieblingsausspruch war: »Es kommt im Leben bloß darauf an, die Dinge auf den Kopf zu stellen«, und kaum hatte er das gesagt, so stand er auch schon selbst auf seinem Kopf und brachte den ganzen Hof zum Lachen. War der König über irgendein Mißgeschick seiner Untertanen ärgerlich, so wußte der Narr ihn immer wieder zu trösten und aufzuheitern.

Da aber geschah es, daß über das glückliche Land ein großes Unglück hereinbrach: Wurde ein Kind geboren und wollte der König sich eben so recht von Herzen über den neuen Erdenbürger freuen, ereilte ihn auch schon die Nachricht, daß zur selben Zeit einer seiner Untertanen gestorben war, so daß die Freude des Königs sich augenblicklich in Trauer verwandelte. Man versuchte das schwere Schicksal durch Gebete und Messen abzuwenden, doch umsonst – sobald im Land ein Kind zur Welt kam, starb irgendein anderer Bürger.

So geschah es, daß einer von des Königs Ministern einen Sohn bekam, welcher der Stolz seines Vaters war und bei dessen Taufe sogar der König Pate stehen sollte. Kaum war dem König die glückliche Geburt des Kindes mitgeteilt worden, als ihm schon die Nachricht gebracht wurde, daß der Vater eines anderen Ministers plötzlich gestorben sei.

Da erschien dem König das Mißgeschick seines Volkes unerträglich. Verzweifelt verließ er den Palast und ging in den Wald, um sein Leben als Einsiedler zu beschließen. Tagelang wartete das Volk vergeblich auf des guten Königs Rückkehr; endlich schickte man einen seiner Minister aus, ihn zu suchen. Der fand den König in einer ärmlichen Einsiedlerhütte, fest entschlossen, nicht mehr an den Hof zurückzukehren, weil er die Not seiner Untertanen nicht mehr länger mit ansehen konnte. Vergeblich stellte ihm der Minister vor, wie verlassen die arme Stadt sei, wie am Hofe niemand aus noch ein wüßte – er konnte den König nicht zur Heimkehr bewegen. Ein Minister nach dem anderen wurde ausgeschickt, doch keinem gelang es, den König von seinem Entschluß abzubringen.

Zuletzt sprach der Narr: »Laßt mich zum König gehen, ich bin sicher, ich bringe ihn zurück.« Doch das Volk rief: »Was kann ein Narr uns nützen, wenn die Klügsten unter uns nichts erreichen?« Aber der Narr bat so inständig, daß die Minister endlich nachgaben und den Narren zum König schickten. Und siehe da! Kaum eine Stunde war vergangen, da erschien der König wohlgemut am Arm des Narren und tauschte seine Einsiedlerkutte gegen neue königliche Gewänder ein.

Die Minister umstanden den Narren voller Staunen und bestürmten ihn, wie er denn dieses Wunder zustande gebracht habe. Da erzählte der Narr, wie er den König in tiefster Trauer vorgefunden, wie er vergeblich all seine Überredungskunst angewandt und wie er zuletzt gewagt habe, seinen alten Weisheitsspruch zu versuchen und dem König zu raten, die Dinge ganz einfach auf den Kopf zu stellen. »Du behauptest, edler Fürst«, habe er gesagt, »dein Land sei vom Mißgeschick verfolgt: Immer, wenn ein Kind in deinem Reich zur Welt komme, sterbe zur gleichen Zeit ein anderer deiner Bürger, so daß augenblicklich alle Freude in Trauer verkehrt werde. Stelle die Dinge auf den Kopf und sage dir, daß du vieles vor anderen Herrschern voraus hast: Stirbt in deinem Reiche einer und trauern deine Untertanen, so wird gleichzeitig an anderer Stelle ein neues Leben geboren. Ist dies nicht ein Wunder?« Da habe der König ihn mit Tränen umarmt: »Deine Weisheit, o Narr, ist groß – laß uns von nun an die Dinge auf den Kopf stellen!«

Und glücklich habe er seinen Arm genommen und sei mit ihm zu seinen Untertanen zurückgekehrt.

Die getauschte Arbeit und die Kuh auf dem Dach

Etwas drastischer als die Beachtung des Komplimentärsegments, aber mindestens ebenso nützlich, vor allem bei der Handhabung zwischenmenschlicher Ärgernisse, ist die Taktik des *Sich-in-den-anderen-Hineinversetzens.* Zwischenmenschliche Ärgernisse können sehr quälend sein und noch dazu lange Zeit unausgeräumt zwischen den Opponenten schwelen. Man ist sich nicht direkt feind und doch gram. Jede Kleinigkeit beim anderen regt einen auf, zermürbt einen, wird mit zweifelhaftem Erfolg hinuntergeschluckt und kommt bei der nächsten Kleinigkeit wieder hoch. Und natürlich ist ein Haufen Ärger berechtigt. Ähnlich, wie die Angst herbeizieht, was gefürchtet wird, ruft der Ärger hervor, worüber man sich noch mehr ärgert. Die andere Seite wird bockig, widerspenstig, schießt sich auf den Justament-Standpunkt ein. Nach dem Motto: »Wozu soll ich mich bemühen, wenn du sowieso kein gutes Haar an mir läßt?« entwickelt sich das »Ekel« zum »demonstrativen Ekel«. Das bringt Leid für alle Beteiligten.

Der am häufigsten ausformulierte Rat in dieser verhedderten Situation ist der, man solle miteinander reden. Die Praxis zeigt aber, daß nicht jedes Gespräch ergiebig und nicht jedes Streitgespräch reinigend wie ein Gewitter ist. Viele solcher Klärungsgespräche beißen sich beharrlich an einem Punkt fest, an dem keiner nachgeben will, und repetieren dann bloß noch diesen Punkt. Der eine behauptet, der andere sei zu faul, und der andere beißt zurück, der eine sei zu arbeitswütig. Jeder ist emsig damit beschäftigt, Beweise für seine eigene Auffassung ins Feld zu führen, obwohl keiner mehr zuhört, was der andere sagt. Die Eskalation ist fast unvermeidlich: der mit den »schwächsten Nerven« verläßt als erster die Kommunikationsebene des Gesprächs und wechselt in die Ebene der Gefühlsausbrüche, in der er sich zusätzlicher Werkzeuge als nur seiner Stimmbänder bedient, zum Beispiel der Tränendrüsen, knallender Türen oder sogar körperlicher Attacken. Das Gespräch kann somit, statt zu klären und zu reinigen, auch elementare Schmutzpartikel hochschwemmen, die das Einander-gram-Sein schließlich doch noch in pure Feindschaft überführen.

Deshalb wird in der logotherapeutischen Familientherapie dem gemeinsamen Gespräch etwas beigemengt oder vorgeschaltet, das sich auch bei sonstigen Anlässen hervorragend bewährt hat, nämlich die Anregung, jeder möge sich zunächst in das jeweilige Gegenüber hineinversetzen. Da es in vivo nicht möglich ist, in jemandes anderen Haut zu schlüpfen, kommt dieser Versuch einer Übung aus dem Bereich »Mentaltraining« gleich. Worum handelt es sich dabei? Um ein »Kaninchen aus des Zauberers Hut«, wie *Giselher Guttmann*[26], Vorstand am Psychologischen Institut der Universität Wien, es augenzwinkend nennt. In der experimentellen Psychologie wurden inzwischen zahlreiche Erkenntnisse dazu gewonnen. Die »Zauberei« besteht kurz gefaßt darin, daß gewisse Fertigkeiten nicht nur auf dem allgemein üblichen Weg des Tuns, sondern auch auf dem eher unüblichen Weg des Denkens erworben werden können. Hier ein von Giselher Guttmann beschriebenes Beispiel:

> Glauben Sie, daß Sie in Gedanken Seiltanzen können? Wir glauben es zwar auch nicht, aber wenn Sie es könnten, so fiele das unter das Kapitel »Mentales Training«. Das heißt, eine körperliche Fertigkeit nicht durch reale Übung der betreffenden Bewegungen zu erlernen, sondern eine Grenzüberschreitung von der motorischen zur kognitiven Ebene zu vollziehen. In weniger gefährlichen Disziplinen als dem Seiltanzen ist dieser Abstraktionsschritt nicht nur durchaus möglich, sondern wurde sogar bereits zu einem wichtigen Hilfsmittel in verschiedenen Anwendungsbereichen der Psychologie.
>
> Die erste Arbeit hierzu wurde von *Ivath* am Psychologischen Institut der Universität Wien durchgeführt. Die Aufgabe der Versuchspersonen war es, einen stets wegspringenden Lichtpunkt auf einem Fernsehmonitor mit einem Fadenkreuz anzusteuern, das mit einem kleinen Steuerhebel bewegt werden konnte. Dabei folgte in einem ersten Versuchsabschnitt die Bewegung des Fadenkreuzes gleichsinnig dem Steuerknüppel; im zweiten Abschnitt wurde die Zuordnung aber gespiegelt, so

daß sich das Fadenkreuz aufwärts bewegte, wenn man den Steuerknüppel abwärts führte, und nach links, wenn man den Steuerknüppel nach rechts bewegte. Der Versuch wurde mit drei Personengruppen durchgeführt, die zunächst kurz mit dem Versuchsablauf vertraut gemacht worden waren.

Die erste Gruppe führte sodann ein wirkliches Training mit Steuerknüppel und Bildschirm durch und lernte mit mehr oder weniger großer Mühe das rasche Einfangen des Lichtpunktes in beiden Bewegungsvarianten. Die zweite Gruppe durfte hingegen gar nichts tun und wurde durch eine ablenkende Aktivität überdies daran gehindert, sich mit der Aufgabe gedanklich zu beschäftigen. Versuchsgruppe drei wurde nun aufgefordert, die Aufgabe möglichst intensiv *in der Vorstellung* zu trainieren, das heißt also, nicht lediglich daran zu denken, sondern den ganzen Bewegungsablauf in anschauungsnaher Form in der Vorstellung ablaufen zu lassen. Dieses Mentaltraining dauerte ebenso lange wie das Realtraining von Gruppe eins.

Das für alle an diesem Versuch Beteiligten überraschende Ergebnis war, daß beim anschließenden Testlauf zwischen der real und der mental trainierten Gruppe *kein Leistungsunterschied* festzustellen war, das Vorstellungstraining also ebenso wirksam war wie das Realtraining, während die untrainierte Gruppe erwartungsgemäß keinen Leistungszuwachs zeigte.

Unter der Bezeichnung »Mentaltraining« ist diese erstaunliche Methode längst zu einem Routineverfahren beispielsweise in der Sportpsychologie geworden, wo man vor allem durch einen ausgeklügelten Wechsel zwischen Real- und Mentaltraining erhebliche Beschleunigungen des Übungsverlaufes erzielen kann. Als ganz besonders wichtig aber erweist sich die Austauschbarkeit von wirklichem und gedachtem Verhalten für die *Psychotherapie*, wo das anschaulich-bildhafte Agieren in lediglich vorgestellten Situationen sehr oft zu ebenso drastischen Verhaltensänderungen führt wie die In-vivo-Maßnahme.

Sagen Sie es ruhig: Haben wir Ihnen zuviel versprochen von der Trickkiste der Seelenkunde, dem großen schwarzen Hut der Psychologie…?

Wenn es also möglich ist, durch reine gedankliche Konzentration zu lernen, hüpfende Lichtpunkte am Bildschirm einzufangen, warum soll es dann nicht möglich sein, auf ähnliche Weise die Innenwelt eines anderen Menschen auszuloten oder wenigstens in groben Umrissen abzutasten? Was bevorzugt er? Was verabscheut er? Wie geht er an seine Vorhaben heran? Welche Hindernisse stellen sich ihm in den Weg? Welche Initiativen beflügeln ihn? Welche Sorgen bewegen ihn? Aus welchen Kanälen schöpft er Hoffnung und Ausdauer? Was fällt ihm leicht, was schwer? Und wie sehen die Einzelheiten seiner täglichen Verrichtungen aus? Einmal hörte ich in diesem Zusammenhang eine Frau sagen, sie habe früher oft den Kopf geschüttelt, wenn ihr Vater bei Wind und Wetter in seinem Garten »herumgewirtschaftet habe«.

Jetzt, da er tot sei, merke sie erst, wie viele Handgriffe der Garten erfordere und welche Konsequenzen es habe, wenn sie unterblieben. Offenbar hat diese Frau früher kaum jemals die Arbeit ihres Vaters im Garten intensiver überdacht.

Welchen Vorteil hat es aber, sich in andere Menschen und speziell in Opponenten hineinzuversetzen? Einen gewaltigen! Die Hälfte aller Vorwürfe fällt sofort weg, weil die Sicherheit verfliegt, man könnte das Leben an seiner Statt wesentlich besser managen. Der Rest an Vorwürfen erscheint relativer und unbedeutender. Alles ist in milderes Licht getaucht. Und mitunter keimt neben der – in diesem Fall positiven – eigenen Unsicherheit der Respekt vor dem anderen auf, noch unscharf in den Konturen, aber schon im Herzen gefühlt: Respekt vor dem, was er de facto zustande bringt. Trotz allem...

Das nachfolgende *Volksmärchen aus Schweden*[27] beschreibt einen solchen »Sich-hinein-versetz-Prozeß« auf pittoreske Weise. Mann und Frau sind nicht d'accord. Die Frau arbeitet aus Sicht des Mannes zu wenig. Statt endlos darüber zu wörteln, tauschen sie die Rollen, das heißt, der Mann schlüpft für einen Tag in ein Stück Leben seiner Frau: wenn nicht in ihre Haut, so doch in ihren Haushalt. Das ist noch lehrreicher als jedes Mentaltraining, denn bereits am Abend sind sämtliche seiner Vorwürfe (fast inklusive ihm selbst) durch den Schornstein entwichen... Es bleibt die Frage offen, wie viele gefährdete Partnerschaften zu retten wären, würden sich die Partner wenigstens zehn Minuten lang ineinander einfühlen und eindenken, bevor sie jeweils einen stundenlangen Diskurs über die Gründe ihrer Ärgerlichkeit beginnen. Ich glaube, es wären mehr, als wir Psychologen uns träumen lassen.

Es war einmal ein Mann, der meinte immer, daß seine Frau den Sommer über zuwenig Käse und Butter zusammenbrachte. So einigten sie sich darüber, daß sie ihre Arbeit tauschten: die Frau sollte hinausgehen auf die Moorwiesen, und der Mann sollte zu Hause bleiben.

An dem Tag, als er zu Hause blieb, wollte er zuerst Käse machen. Als er das Lab in die Milch gegossen hatte und diese geronnen war, nahm er sogleich den Kessel vom Feuer und schüttete alles zusammen auf das Regalbrett, auf das die Käse hinkamen, und meinte, so würde er einen besonders großen Käse bekommen. Aber es lief alles auf den Boden. – Da machte er sich ans Buttern, und hierbei wollte er jetzt vorsichtig sein. Er ging nicht vom Butterfaß weg, sondern er nahm es in einem Traggestell auf den Rücken und trug es mit sich, als er zum Bach um Wasser gehen mußte. Als er sich niederbeugte und das Wasser einschöpfte, lief ihm der ganze Rahm vorn über den Kopf und hinunter in den Bach.

Da erschrak er. Nun ging er nach Hause und wollte bakken. Als er dann das erste Brot gebacken hatte, dachte er: »Ich will in die Speisekammer laufen und mir ein Stück Fleisch holen und es mit dem Brot hier aufessen.« Als er das Fleischstück heruntergeholt hatte, legte er es auf die Schwelle und nahm sich einen Krug und wollte ein wenig Bier abzapfen und es mit hineinnehmen. Während das Bier noch in den Krug lief, kam ein Hund, schnappte sich das Stück Fleisch von der Schwelle und war mit einem Satz davon. Der Mann ihm nach und der Hund vornweg! Als sie eine Weile gerannt waren, wurde der Mann müde, und da fiel ihm ein, daß der Hahn am Bierfaß noch offen war. Als er dorthin kam, war das Faß ganz ausgelaufen.

Da war er ratlos, weil er einen so großen Schaden angerichtet hatte. Es fiel ihm ein, daß er eine Kuh draußen auf der Weide hatte, und er dachte: »Ich muß sie holen und hier auf sie achtgeben, sonst könnte ihr auch ein Unglück zustoßen.« Er holte sie und schob sie hinauf auf das Dach der Hütte, nahm dann ein paar Stricke und band sie der Kuh um den Hals; dann steckte er das Seil durch den Schornstein, ging wieder hinein und band sich das Seil um ein Bein. Jetzt war er ihrer sicher, meinte er. So werkelte er weiter bis zum Abend. Als die Frau vom Felde kam, sah das die Kuh, sprang herunter vom Hüttendach und wollte der Frau entgegenlaufen. Dabei zog sie den Mann in den Schornstein. Und da hing er nun, als seine Frau nach Hause kam.

Der siebenmäulige Lindwurm im Bauch

Wir haben im Zuge eines hilfreich-heilsamen Perspektivenwandels die Beachtung des Komplementärsegments sowie die Taktik des Sich-in-einen-anderen-Hineinversetzens erörtert. Nun kann man sich aber nicht nur in ein fremdes Leben, das von einem anderen Menschen gelebt wird, hineinversetzen, sondern auch in ein fremdes Leben, das von einem selbst – eben in ganz unterschiedlichem Stile – gelebt wird. Dafür reichen Übungen des mentalen Trainings allerdings nicht aus, dafür ist ein reales *Als-ob-Handeln* notwendig, das ausgesprochen teuer ist: es kostet viel – Überwindung. Für diesen hohen Preis bietet es auch Ware bester Qualität: ein buchstäblich neues Leben.

Im Als-ob-Handeln ist dieses neue Leben bereits vorweggenommen, wenn auch noch nicht verwirklicht. Noch steht alles »im Konjunktiv«, was bedeutet, das alte Er-leben paßt noch nicht zum neuen Leben, die Seele hinkt nach. Sie ist noch nicht angekommen, wo sie hingehört.

Nehmen wir an, jemand hat Minderwertigkeitskomplexe. Die Folge ist vorprogrammiert. Da er sich als häßlich, unfähig, dumm etc. einstuft, geniert er sich vor Leuten mit sicherem Gehaben, macht in deren Gegenwart kaum den Mund auf, gibt einsilbige Antworten, sagt Einladungen ab und traut sich nicht, seine Wünsche zu äußern. Er verhält sich unübersehbar gehemmt und verklemmt. Die »Anschlußfolge« ist, daß man ihn links liegen läßt, was seine Minderwertigkeitskomplexe weiterhin nährt. Oder nehmen wir an, jemand »tröstet« sich mit einem Suchtmittel. Wiederum ist die Folge zwingend. Immer dann, wenn die Suchtmittelzufuhr für einige Zeit unterbrochen ist, stellt sich massives Unwohlsein beim Abhängigen ein. Um diesem Zustand zu entrinnen, besorgt er sich schnellstens die nächste Portion des Mittels. Die »Anschlußfolge« ist ebenso klar. Er rutscht immer tiefer in die Abhängigkeit hinein.

Personen, die sich in einen derartigen Teufelskreis verstrickt haben, können daraus nur aussteigen, wenn sie ihr gesamtes Leben existentiell umstellen. Der erste Schritt dazu aber ist es, sich gedanklich (nicht in einen anderen Menschen, sondern) in ein anderes Leben hineinzuversetzen. In ein Leben ohne Minderwertigkeitskomplexe oder ohne Abhängigkeiten. Wie würde ein solchermaßen befreites Leben aussehen? Das ist nicht schwer zu erraten. Ohne Minderwertigkeitskomplexe ginge man ungeniert auf seine Mitmenschen zu und würde frisch von der Leber weg mit ihnen plaudern. Ihre Ansichten wären interessant, wenngleich nicht tonangebend, ihre Einladungen wären erfreulich, und ihre Kritik würde einen nicht bis in die Grundfesten erschüttern. Man würde ein Stück weit in sich ruhen. Oder wie sähe ein Leben ohne Abhängigkeit aus? Zweifellos fände man bessere Trostquellen als das Suchtmittel. Man würde seine Enttäuschungen aussprechen, Fehler bei sich selber suchen und womöglich beheben, Rückschläge einstecken und schöne Stunden fröhlich auskosten. An die Stelle von Wohl- oder Unwohlsein würde die Spannung von redlichem Bemühen und erfülltem Dasein treten, ein Befindlichkeitskriterium »höherer Art«. Und selbst wenn das redliche Bemühen längere Zeit hindurch nichts fruchten sollte, wäre dies kein Anlaß zum resignierten Aufgeben. Innere Unabhängigkeit ist auch Unabhängigkeit von äußerem Glanz und Erfolg.

Jemand, der sich so und ähnlich in ein neues, ihm noch fremdes, aber höchst lebenswertes Leben hineingedacht hat, muß in einem zweiten Schritt exakt danach handeln – *als ob* er sich schon darin befände. Anders kommt er nicht hinein. Das bedeutet konkret eine kapitale Zumutung. Noch in der Zange des Minderwertigkeitskomplexes soll er selbstsicher auftreten! Noch suchtmittelabhängig soll er Unwohlsein suchtmittelfrei aushalten! Schon tut er, wonach ihm noch nicht ist…, aber er tut es! Dieses Als-ob-Handeln, konsequent über längere Zeit beibehalten, wird ihn retten, denn es wird ihn hineinkatapultieren in ein Leben, zu dem es letztlich wieder harmonisch paßt, weil es echt ist. Die Übergangsphase ist knallharte, unumgängliche Durststrecke.

In der nachfolgenden Kalendergeschichte von *Johann Peter Hebel*[28] über die Heilung eines Patienten aus dem 18. Jahrhundert wird der beschriebene Vorgang anschaulich demonstriert. Ein reicher Amsterdamer leidet an einer merkwürdigen Krankheit, für die Viktor E. Frankl im 20. Jahrhundert den Ausdruck »noogene Neurose«[29] geprägt hat. Der Arzt in Hebels Geschichte nannte sie »einen siebenmäuligen Lindwurm im Bauch« und lag mit dieser seiner Diagnose auch nicht falsch. Denn die sieben Mäuler: Langeweile, Faulheit, innere Leere, Bewegungsarmut, Nikotin- und Eßsucht, Egozentrik und Wehleidigkeit entsprechen goldrichtig dem Symptombild der »noogenen Neurose«, wie es auch heute vorzufinden ist. Und wie es auch heute – leider allzu oft – mit Psychopharmaka zu betäuben versucht wird, statt »den Lindwurm samt Eiern zu töten«.

Der Arzt in Hebels Geschichte jedenfalls kannte das richtige Rezept und bewog den reichen Amsterdamer zu handeln, *als ob* er sich in einem ganz anderen Leben befände, in einem einfachen, disziplinierten, munteren und fleißigen Leben, in dem die Vögel lieblich singen und die Kornrosen rot leuchten... Der Amsterdamer wanderte mit großer Anstrengung in dieses neue Leben hinein, und als er endlich leiblich gesundet am Ziel angelangt war, war zu seiner Freude auch seine Seele schon dort angekommen. Eine gute Empfehlung für Leute mit »einem siebenmäuligen Lindwurm im Bauch«: in seine Fußstapfen zu treten!

Reiche Leute haben trotz ihrer gelben Vögel doch manchmal auch allerlei Lasten und Krankheiten auszustehen, von denen gottlob! der arme Mann nichts weiß; denn es gibt Krankheiten, die nicht in der Luft stecken, sondern in den vollen Schüsseln und Gläsern und in den weichen Sesseln und seidenen Betten, wie jener reiche Amsterdamer ein Wort davon reden kann. Den ganzen Vormittag saß er im Lehnsessel und rauchte Tabak, wenn er nicht zu faul war, oder hielt Maulaffen feil zum Fenster hinaus, aß aber zu Mittag doch wie ein Drescher, und die Nachbarn sagten manchmal: »Windet's draußen oder schnauft der Nachbar so?« – Den ganzen Nachmittag aß und trank er ebenfalls, bald etwas Kaltes, bald etwas Warmes, ohne Hunger und ohne Appetit, aus lauter Langeweile, bis an den Abend, also daß man bei ihm nie recht sagen konnte, wo das Mittagessen aufhörte und das Nachtessen anfing. Nach dem Nachtessen legte er sich ins Bett und war so müd, als wenn er den ganzen Tag Steine abgeladen oder Holz gespalten hätte.

Davon bekam er zuletzt einen dicken Leib, der so unbeholfen war wie ein Maltersack. Essen und Schlaf wollten ihm nimmer schmecken, und er war lange Zeit, wie es manchmal geht, nicht recht gesund und nicht recht krank; wenn man aber ihn selber hörte, so hatte er dreihundertfünfundsechzig Krankheiten, nämlich alle Tage eine andere. Alle Ärzte, die in Amsterdam sind, mußten ihm raten. Er verschluckte ganze Feuereimer voll Mixturen und ganze Schaufeln voll Pulver und Pillen wie Enteneier so groß, und man nannte ihn zuletzt scherzweise nur die zweibeinige Apotheke. Aber alles Doktern half ihm nichts, denn er folgte nicht, was ihm die Ärzte befahlen, sondern sagte: »Wofür bin ich ein reicher Mann, wenn ich soll leben wie ein Hund, und der Doktor will mich nicht gesund machen für mein Geld?«

Endlich hörte er von einem Arzt, der hundert Stund weit weg wohnte, der sei so geschickt, daß die Kranken gesund werden, wenn er sie nur recht anschaue, und der Tod geh ihm aus dem Weg, wenn er sich sehen lasse. Zu dem Arzt faßte der Mann ein Zutrauen und schrieb ihm seinen Umstand. Der Arzt merkte bald, was ihm fehle, nämlich nicht Arznei, sondern Mäßigung und Bewegung, und sagte: »Wart, dich will ich bald kuriert haben.« Deswegen schrieb er ihm ein Brieflein folgenden Inhalts: »Guter Freund, Ihr habt einen schlimmen Umstand; doch wird Euch zu helfen sein, wenn Ihr folgen wollt. Ihr habt ein bös Tier im Bauch, einen Lindwurm mit sieben Mäulern. Mit dem Lindwurm muß ich selber reden, und Ihr müßt zu mir kommen. Aber fürs erste, so dürft Ihr nicht fahren oder auf dem Rößlein reiten, sondern auf des Schuhmachers Rappen, sonst schüttelt Ihr den Lindwurm, und er beißt Euch die

Eingeweide ab, sieben Därme auf einmal ganz entzwei. Fürs andere dürft Ihr nicht mehr essen als zweimal des Tages einen Teller voll Gemüs, mittags ein Bratwürstlein dazu und nachts ein Ei, und am Morgen ein Fleischsüpplein mit Schnittlauch drauf. Was Ihr mehr esset, davon wird nur der Lindwurm größer, also daß er Euch die Leber verdruckt, und der Schneider hat Euch nimmer viel anzumessen, aber der Schreiner. Dies ist mein Rat, und wenn Ihr mir nicht folgt, so hört Ihr im andern Frühjahr den Kukkuck nimmer schreien. Tut, was Ihr wollt!«

Als der Patient so mit ihm reden hörte, ließ er sich sogleich den andern Morgen die Stiefel salben und machte sich auf den Weg, wie ihm der Doktor befohlen hatte. Den ersten Tag ging es so langsam, daß perfekt eine Schnecke hätte können sein Vorreiter sein, und wer ihn grüßte, dem dankte er nicht, und wo ein Würmlein auf der Erde kroch, das zertrat er. Aber schon am zweiten und am dritten Morgen kam es ihm vor, als wenn die Vögel schon lange nimmer so lieblich gesungen hätten wie heut, und der Tau schien ihm so frisch und die Kornrosen im Feld so rot, und alle Leute, die ihm begegneten, sahen so freundlich aus, und auch er; und alle Morgen, wenn er aus der Herberge ausging, wars schöner, und er ging leichter und munterer dahin, und als er am achtzehnten Tage in der Stadt des Arztes ankam und den anderen Morgen aufstand, war es ihm so wohl, daß er sagte: »Ich hätte zu keiner ungeschickteren Zeit können gesund werden als jetzt, wo ich zum Doktor soll. Wenns mir doch nur ein wenig in den Ohren brauste, oder das Herzwasser lief mir.«

Als er zum Doktor kam, nahm ihn der Doktor bei der Hand und sagte ihm: »Jetzt erzählt mir denn noch einmal von Grund aus, was Euch fehlt.« Da sagte er: »Herr Doktor, mir fehlt gottlob nichts, und wenn Ihr so gesund seid wie ich, so soll's mich freuen.« Der Doktor sagte: »Das hat Euch ein guter Geist geraten, daß Ihr meinem Rat gefolgt habt. Der Lindwurm ist jetzt abgestanden. Aber Ihr habt noch Eier im Leib. Deswegen müßt Ihr wieder zu Fuß heimgehen und daheim fleißig Holz sägen, das niemand sieht, und nicht mehr essen, als Euch der Hunger ermahnt, damit die Eier nicht ausschlupfen, so könnt Ihr ein alter Mann werden«, und lächelte dazu. Aber der reiche Fremdling sagte: »Herr Doktor, Ihr seid ein feiner Kauz, und ich versteh Euch wohl«, und hat nachher dem Rat gefolgt und siebenundachtzig Jahre, vier Monate, zehn Tage gelebt, wie ein Fisch im Wasser so gesund, und hat alle Neujahr dem Arzt zwanzig Dublonen zum Gruß geschickt.

Von der Erleuchtung, wieder gesund zu sein

Das Thema »Perspektivenwandel« abrundend soll die *heilende Kraft der Dankbarkeit* nicht vergessen werden. Diese Kraft ist gigantisch, denn sie hebt eine Geistesträgheit auf, der man sich ohne sie kaum entziehen kann: die Trägheit in Sachen Wertschätzung. Mit geradezu »metaphysischem Leichtsinn« (Max Scheler) erachtet die Spezies Mensch nämlich sämtliche vorhandenen Werte als selbstverständlich und widmet ihnen kaum den flüchtigen Hauch einer kurzen Notiznahme. Was im Positiven da ist, hat einfach da zu sein – eine der größten Täuschungen von Kindesbeinen an. Die liebevoll kosende Mutter, die angerannt kommt, wenn man etwas braucht, wenn man weint, weil man naß oder hungrig ist – sie hat da zu sein. Daß eine solche Mutter ein Glück sondergleichen ist, ahnen vielleicht diejenigen, die sich mit Hospitalismusschäden aus ihrer frühen Kinderkrippenzeit durch ihre Erwachsenenzeit schleppen müssen. Die gesunde, natürliche Entwicklung der eigenen Glieder und Organe, der beständige Zuwachs an »Weltentdeckung« hat einfach zu geschehen. Daß auch die Möglichkeit einer Stagnation besteht, einer Wachstumsbehinderung, die einen in einem bestimmten Bereich auf infantil-unreifem Niveau festschreibt, ist allenfalls unter Sonderschulabgängern bekannt. Freundliche, geduldige, aufgeschlossene und gerechte Lehrer haben einen durch die Ausbildungsjahre hindurch zu begleiten, und wo sie fehlen, ist Protest angezeigt. Daß Geduld und Einsatzbereitschaft mit dem Lehrergehalt nicht mitbezahlt werden, sondern freiwillige persönliche Draufgaben sind, wird höchstens von denjenigen registriert, die unter der Fuchtel strenger Lehrherren gelitten haben. Und so geht es weiter, quer durchs Leben. Das Angenehme, Förderliche und Erfreuliche wird gedankenlos – fast bewußt-los! – zum »Mindestmaß« abgestempelt, als wäre es eine Minimalpflicht des Lebens, uns damit zu versorgen.

Das ist es aber nicht. Es gibt kein verbrieftes Recht auf gute Bedingungen, sosehr unsere Erdenbürgergemeinschaft eingeladen ist, an der Verbesserung der Bedingungen für alle mitzuwirken. Überall türmen sich Grenzen auf, hinter uns, vor uns, zwischen uns. Sie beenden unsere Strebungen, durchkreuzen unsere Pläne, zerschneiden unseren Begreifenshorizont. Sie lassen Erwartungen platzen und verweisen das uns vermeintlich Zustehende ins Nichts. Nichts steht uns zu. Nicht, daß wir ins Leben gerufen worden sind. Nicht, daß wir am Leben bleiben. Nicht, daß wir im Leben gestreichelt werden. Nichts. So nackt ist die Wahrheit.

Nur durch die Bewußtmachung dieser Wahrheit werden wir in den Stand gesetzt zu erkennen, daß es im Gegensatz zum irrationalen Anspruch auf irgendetwas eine fließende Zuteilung von Werten an uns gibt, die einem uns unbekannten Muster folgt. Von Werten, die weder bestellbar noch einklagbar, noch verdienbar sind. Wir erhalten sie nicht als Belohnung für gute Taten oder nach sonst einem verständlichen Auswahlkriterium. Sie fließen uns zu und durch uns hindurch, und wir wissen nicht, wieso. Sie erwählen uns und schenken sich uns, und wir wissen nicht, warum. Sie sind – Gnade.

Überwinden wir unsere Geistesträgheit und halten wir danach Ausschau, dann entdecken wir unzählige solche Gnadensplitter in unserer Lebensgeschichte. Augenblicke zum Beispiel, in denen wir leicht hätten sterben können. Ein Patient berichtete mir einmal, daß er vor Jahren mit Freunden in einem Auto mitgefahren sei, dessen Fahrer nicht mehr ganz nüchtern gewesen sei. An einer Kreuzung habe der Fahrer eine Stoptafel übersehen und sei mit hoher Geschwindigkeit darübergebraust. Unmittelbar hinter ihnen, fast die hintere Stoßstange ihres Wagens streifend, sei ein Lkw aus der Querstraße vorbeigedonnert. Bruchteile von Sekunden hätten damals über die Insassen des Wagens entschieden – zu ihren Gunsten. Denken die Insassen noch manchmal daran? An das unbestellbare, uneinklagbare und unverdiente Geschenk jenes Augenblicks?

Viktor E. Frankl, der 1945 aus seinem letzten Konzentrationslager befreit worden ist, sagte 1969 anläßlich der Verleihung des Ehrenkreuzes für Wissenschaft an ihn[30]: »Während die anderen nur das sehen, was ich erreicht und errungen haben mag oder, besser gesagt, was mir geglückt und gelungen ist, kommt mir in einem solchen Augenblick erst so recht zu Bewußtsein, was ich hätte tun müssen – und können, aber nicht getan habe; mit einem Wort, was ich schuldig geblieben bin der Gnade, die mir, nachdem ich die Tore von Auschwitz hatte durchschreiten müssen, noch 25 Jahre geschenkt hat.« Er, der große Genius, ist bescheiden. Er weiß auch heute – 50 Jahre nach seiner Befreiung – noch um das *Glück*, das sich still seinen Leistungen beigemengt hat, und um die *Gnade,* die über ihm gewacht hat... Weiß es und würdigt es in Dankbarkeit.

Womit verständlich geworden sein wird, aus welchem Grunde die Kraft der Dankbarkeit, und sie allein, die erwähnte Geistesträgheit aufhebt. Dankbarkeit ist Wertschätzung. Dankbarkeit erinnert daran, daß nichts Gutes so gut sein muß, wie es ist. Dankbarkeit putzt die Brille, durch die wir sehen, was alles uns schon bedroht hat und von uns gewichen ist. Dankbarkeit macht überdies den gegenwärtigen Augenblick hell, weil sie uns vorrechnet, was uns momentan nicht schmerzt, weder körperlich noch seelisch. Welche Säulen uneingestürzt in unserem Leben stehen, noch nicht oder nicht mehr den Ruinen preisgegeben. Dankbarkeit holt in uns das intuitive Vorwissen ans Licht, daß der Tod letztlich nicht obsiegen wird.

Im nachfolgenden Textfragment von *Wladimir Lindenberg*[31] wird ein Anlaß zur Dankbarkeit aufgegriffen, der besonders leicht übersehen wird: die Wiedergenesung nach einer Krankheitsperiode. Dem Arzt fällt auf, daß eine Wiedergenesung, um die vielleicht sehr lange medizinisch gerungen worden ist, seinen Patienten – und auch ihm selbst – blitzschnell »aus dem Sinn« gerät. Das Schlagwort: »Aus den Augen, aus dem Sinn« läßt sich hier modifizieren zu einem »In der Ordnung, aus dem Sinn«. Denn sobald etwas oder jemand wieder in Ordnung ist, sobald sich die Angelegenheiten eines Menschen rundum geordnet präsentieren, also nicht auf unangenehme Weise nach Veränderung, Reparatur und Linderung drängen, entschwinden sie den Gedanken dieses Menschen. Er bemerkt die Unordnung, speziell in seinem Organismus, aber er bemerkt nicht mehr, was alles (wieder) in Ordnung ist.

Wie wäre es, wenn er es bemerken würde? Wenn wir selber es künftig zunehmend beachten würden?

Wladimir Lindenberg findet einen treffenden Ausdruck dafür: er ..., wir ... wären *erleuchtet.*

Der gesunde Mensch empfindet diese ihm von Gott verliehene Gabe als eine ihm zustehende Selbstverständlichkeit. Erst wenn er sie verliert, wird er gewahr, welch großen Schatz er besaß. Dann geht die Lauferei zu Ärzten und Kliniken, zu Heilpraktikern und Gesundbetern los. Es vollzieht sich nach dem Wort des Dichters: »Was ich besitze, seh' ich wie von weitem. Was ich verlor, wird mir zu Wirklichkeiten.« Aber auch dann sind wir nicht in der Lage, dankbar zu sein und uns zu freuen, wenn die Krankheit uns verlassen hat oder ein Unfall glimpflich überwunden wurde. So schmerzhaft und deprimierend der Zustand des Krankseins war: die Veränderung, daß wir gesund geworden sind, bemerken wir gar nicht. Ich nehme solche Phänomene an mir und meinen Patienten wahr. Ich behandle die Patienten wegen einer Krankheit. Nach einer Weile kommen sie, und ich frage, wie es ihnen gehe. Da antwortet eine Frau: »Ich habe fürchterliche Rückenschmerzen.« Ich stutze. »Aber Sie kamen doch wegen Kopfschmerzen zu mir. Ich wollte wissen, was die Kopfschmerzen machen?« – »Ach so, die Kopfschmerzen... Jetzt habe ich Rückenschmerzen.« Was ist da geschehen? Die Kopfschmerzen vergingen, obwohl sie dramatisch beklagt worden waren; die Veränderung zum Guten wurde überhaupt nicht registriert. Da aber sehr viele Menschen nicht ohne Schmerzen oder Selbstbemitleidung leben können, bekommen sie stellvertretend Schmerzen in einem anderen Organ.

Ist dieser Mangel an Selbstbesinnung, an Dankbarkeit und Freude, etwas Natürliches? Ja und nein. Für den Men-

schen, der gewohnt ist, an Gott und Welt und Menschen Forderungen zu stellen, ist es etwas Selbstverständliches, daß seine Forderungen erfüllt werden. Und er denkt nicht daran, dafür dankbar zu sein oder sich darüber zu freuen. Er straft sich damit selbst, denn er entzieht sich der Beglükkung und der Freude des Dankes. Der Mensch, der nicht zu danken vermag, ist ein armer Mensch.

Ich ertappe mich selbst oft solcher Gefühle der Selbstverständlichkeit. Ich werde von manchen Krankheiten und Beschwerden geplagt. Ich dramatisiere sie nicht und ich gebe ihnen nicht nach, ich arbeite weiter. Manchmal denke ich, daß diese oder jene Schmerzen chronisch sind und ich sie für den Rest meines Lebens behalten werde... Aber dann passiert es, daß der Schulterschmerz, der Monate dauerte und mich hinderte, den Rock oder Mantel anzuziehen, zu schreiben, zu kochen, plötzlich wie weggeblasen ist. Ich merkte es nicht einmal. Und manchmal vergingen Wochen, ehe ich wahrnahm, daß ich von Schmerzen befreit war. Ich schämte mich der Unaufmerksamkeit. Aber dann, dann wurde ich von Freude und Dankbarkeit überströmt. Und nun machte ich es mir zur Gewohnheit, jeden Tag nachzuforschen, ob die Schmerzen auch wirklich weg waren, und die Freude darüber wurde permanent. Welch ein Gewinn war das für mein Dasein!

Wenn ich gelegentlich durch eine fieberhafte Grippe ans Bett gefesselt werde, bin ich einerseits unglücklich, weil ich meine Patienten und meine Hörer enttäuschen muß, andererseits empfinde ich die aufgezwungene Untätigkeit als wohltuend, als Gelegenheit zur Meditation und zur Selbstbesinnung. Allerdings habe ich eine Befürchtung: Wann und wie werde ich es merken, daß ich wieder gesund bin? Durch den

Stirnhöhlenkatarrh und den Schnupfen bin ich benommen und kann nichts schmecken. Aber dann kommt ein Tag, an dem ich aufstehe und die Bibliothek meiner Kochbücher betrachte, eines heraussuche und mit Interesse die Zubereitung leckerer Gerichte lese. In dem Augenblick kommt es wie Erleuchtung über mich, daß ich wieder gesund bin.

Geschichten zum Thema Lebensbetrachtung

Brief an einen Ausgelieferten

Wenn wir gedankt haben, wofür wir zu danken Grund haben, was angesichts der »nackten Wahrheit«, daß nichts selbstverständlich ist, ein Füllhorn an Begebenheiten und Inhalten unseres Lebens umfaßt, bleibt ein Rest an Nicht-Dankenswertem übrig. Was machen wir damit? Wir können ihn wieder und wieder anschauen, von allen Seiten, wir können ihn auf seine Genesis hinterfragen und ausgiebig betrauern. Trotzdem verbleibt er in genau den Räumen und Zeiten, wo er sich eben befindet, in unserer Vergangenheit mit ihren Ausläufern bis in die Gegenwart. Es gibt keine Macht der Welt, die ihn daraus entfernen könnte. Das Nicht-Dankenswerte, Schwere und Leidvolle gehört auch zu unserem Leben dazu.

Einmal wurde mir im Zuge meiner logotherapeutischen Beratungspraxis ein Kind vorgestellt. Es war knapp sechs Jahre alt und stand vor seiner Einschulung. Entfernte Verwandte hatten es vorübergehend bei sich aufgenommen, während eine geeignete Pflegefamilie für es gesucht wurde. Warum? Weil das kleine Mädchen die einzige Überlebende eines grauenhaften Verkehrsunfalles war, bei dem wenige Wochen zuvor seine Eltern und seine drei Brüder ums Leben gekommen waren. Eine Großtante hatte das völlig verstörte Kind zu mir gebracht in der Hoffnung, ich wüßte ein Trostwort. Ja, mein Gott, wo haben wir dafür ein Trostwort? Im dicksten Duden, unter 500 000 Wörtern der deutschen Sprache ist keines vorrätig.

»Aber sprich nur ein Wort, dann wird meine Seele gesund...« – *Er* mag es haben, *wir* haben es nicht.

Wenn *Er* es aber hat, wenn das Wort bei ihm ist, dann ist es das »Wort des Anfangs«, der Logos, der Sinn. Nicht, daß wir in einem Verkehrsunfall einen Sinn sehen könnten. Nicht, daß wir mit anthropomorphen Verrenkungen einen divinen Sinn hineindeuten dürften. Aber glauben dürfen wir, daß jenseits der Schwelle dessen, was unserem Begreifen offensteht, ein Sinn waltet, der alles durchdringt, was existiert, von Anfang an bis zum Ende. Ein Sinn, in den das Kind, seine Eltern und seine Brüder eingebettet sind und aus dem sie niemals herausfallen, nicht herausgeschleudert werden können, durch keinen Unfall und durch keine maschinelle Fliehkraft. Läßt sich das einer knapp Sechsjährigen vermitteln?

Ich hob das Mädchen auf meinen Schoß. »Erzähl mir von den Sonntagen«, bat ich es, »was habt ihr unternommen, wenn das Wetter schön war?« »Ausflüge«, piepste die Kleine. »Wir sind zum Badesee gegangen und haben die aufblasbaren Schwimmtiere mitgenommen. Meinen großen Schwan, auf dem man im Wasser reiten kann. Und den Krebs von meinem jüngsten Bruder, mit dem er im Sand spielt. Der zwei Löcher hat, weil mein Bruder ihn über die Steine gezogen hat. Der Papa hat sie geklebt, und jetzt behält der Krebs wieder die Luft.« Beim Zuhören sank mir der Mut, doch es half nichts. Ich mußte einen Versuch wagen.

Ich wiegte das Kind ein wenig und drückte sein Köpfchen an meine Brust. »Meine Kleine«, begann ich, »mach die Augen zu. Wir entschweben jetzt miteinander ins Traumland. Dort möchte ich dir etwas zeigen.« Gehorsam kuschelte sich das Mädchen an mich. »Ihr seid alle beisammen. Deine Eltern, deine Brüder und du. Ihr seid in Aufbruchstimmung, denn ihr wollt wieder einmal zum Badesee. Draußen vor dem Fenster eures Hauses lacht die Sonne über die Stubenhocker und ruft ihnen zu: ›Schnell, schnell, hinaus mit euch! Ich habe die Planschbecken geheizt, damit sich die Wassertiere darin wohl fühlen.‹ Also packt deine Mutti eure Badesachen ein, und ihr Kinder schlüpft inzwischen in eure Schuhe. Kannst du deine Schuhe schon allein anziehen?« Ohne die Augen zu öffnen, nickte die Kleine. »Gut«, fuhr ich fort. »Jetzt marschiert ihr aus dem Haus, und dein Papa schließt die Türe hinter euch zu. Ihr seid auf der Straße. Aber, oh Schreck, deinen Eltern fällt ein, daß die Blumen auf euren Fensterbrettern nicht gegossen sind. Und gerade heute heizt die Sonne so stark! Die Blumen könnten bis zum Abend vertrocknen. Soll die ganze Familie umkehren, um die Blumen zu gießen? Da hast du, meine Kleine, eine prima Idee. Du sagst: ›Ich lauf zurück. Ich bin schon groß, ich weiß, wo die Gießkanne steht und wieviel Wasser man hinein tun muß. Geht nur weiter, ich laufe euch dann nach.‹ Kannst du dir vorstellen, daß du so etwas sagst?« Erneut nickte das Mädchen auf meinem Schoß. »Ja, und deswegen gehst du ins Haus zurück. Weil du etwas Wichtiges darin zu erledigen hast. Weil du Mutti und Papa eine Freude machen willst. Sie und deine Brüder gehen inzwischen voraus zum warmen Badesee, dorthin, wo es richtig schön ist. Du wirst sie bald wiedertreffen. Und wenn du nachkommst, werden sie dich herzlich begrüßen und umarmen.«

Eine Weile schwieg ich und die Kleine ebenfalls. Flüchtig hatte ich den Verdacht, daß sie eingeschlafen sei, aber ich spann den Faden weiter in der Überzeugung, sie würde mich auch auf indirektem Wege verstehen. »An dem schrecklichen Tag, an dem ihr den Unfall hattet, war es ähnlich. Deine Eltern und deine Brüder sind vorausgegangen, an einen Ort, der unbeschreiblich viel schöner ist als euer Badesee. Wo die Sonne immer scheint, sogar im Winter, wenn wir hier frieren müssen. Nur du bist noch einmal zurückgekommen auf unsere Erde, wo es manchmal so kalt und finster ist. Du bist umgekehrt, weil hier etwas Wichtiges auf dich wartet. Irgendwo verborgen blühen Blumen, die deine Hilfe brauchen. Die verwelken würden, wenn du nicht da wärest, um sie zu gießen.«

Das Mädchen öffnete die Augen und setzte sich auf. »Wo ich jetzt wohne, sind keine Blumen auf den Fensterbrettern«, wandte es ein, und es klang wie eine ängstliche Frage. Ich lächelte. »Das hast du richtig beobachtet«, antwortete ich. »Noch sind diese besonderen Blumen versteckt. Denn du sollst erst wachsen und viel lernen und eine hübsche junge Dame werden, an der Mutti und Papa und deine drei Brüder ihre Freude haben, wenn sie aus der Ferne zuschauen. Aber sei gewiß, eines Tages wirst du im Hause deines eigenen Lebens die Blumen sehen, derentwegen du hier geblieben bist und die schwere Trennung von deiner Familie auf dich genommen hast. Du wirst sie gleich erkennen, weil sie ganz süß duften werden, als würden sie dir zurufen: ›Bitte hilf uns, gib uns einen Schluck Wasser. Wir danken es dir mit unserem Duft!‹ Wenn du das hörst, wirst du wissen, daß es richtig war, daß du noch eine Zeitlang hier geblieben bist, bevor du Mutti und Papa und deine Brüder einholst und ihr wieder beisammen sein werdet.«

Ich spielte noch ein wenig mit dem Mädchen, bevor ich es der Großtante, die es gebracht hatte, übergab. Beim Abschied erhob es sich auf seine Zehenspitzen und flüsterte mir zu: »Glaubst du wirklich, ich werde die Blumen finden?« »Ja«, sagte ich, und selten war ich mir einer »Prognose« so sicher wie in diesem Fall, »du kannst sie nicht verfehlen. Denn sie blühen nur für dich...«

Diese logotherapeutische Intervention erhebt nicht den Anspruch, das Kind »getröstet« zu haben. Doch habe ich die Hoffnung, daß eine gewisse Todessehnsuchtprophylaxe geglückt ist. In Fällen jäher enormer Verluste wie diesem stellt sich nämlich bei einem Kind sehr schnell das innige Verlangen ein, »seinen Eltern nachzufolgen«. Was nicht bedeutet, daß sich ein Kind mit knapp sechs Jahren umbringen würde, aber durchaus bedeuten kann, daß sein Lebenswille erlischt mit der Folge alsbaldigen Kränkelns. Es könnte dann leicht Beute von Infektionskrankheiten werden.

Meine Hoffnung, dem entgegengewirkt zu haben, basiert auf der Tatsache, daß die Gedanken des Kindes am Ende unseres Gesprächs bei den Blumen waren und nicht beim Badesee. Wobei die Blumen für die sinnvollen Aufgaben in der Zukunft stehen, die für dieses Menschenkind bereitliegen mögen, wohingegen der Badesee für lustvolle Erinnerungen aus der Vergangenheit steht, die in die Ewigkeit hineingeflossen sind – zwar unverlierbar, aber nicht reaktivierbar im Hier und Jetzt.

Im nachfolgenden Ausschnitt aus einem »Brief an einen Ausgelieferten« von *Antoine de Saint-Exupéry*[32] klingt die gleiche Hoffnung an. Die Hoffnung auf inneres Wachstum und Überwindung von Schwierigkeiten, die sich auf das Zukünftige gründet und nicht auf das Vergangene. Die Hoffnung, die dem Bild potentieller gemeinsamer Ankunft entspringt. Das gilt für die Menschheitsfamilie nicht anders als für ein kleines Waisenkind. Denn »Ausgelieferte« sind wir alle.

Es scheint, daß unser Aufstieg noch nicht vollendet ist, daß die morgige Wahrheit sich vom gestrigen Irrtum nährt, und daß die zu überwindenden Gegensätze für unser Wachstum der rechte Humus sind. Wir zählen auch die zu den unsrigen, die anders sind als wir. Aber welch merkwürdige Verwandtschaft! Sie gründet sich auf das Künftige, nicht auf das Vergangene. Auf das Endziel, nicht auf die Herkunft. Wir sind Pilger, die auf verschiedenen Wegen einem gemeinsamen Treffpunkt zuwandern.

Eine Stadt denkt und Gott lenkt …

Das Leidvolle und Schwere gehört zu unserem Leben dazu. Wir sagten, mit Sinndeutungen müssen wir diesbezüglich vorsichtig sein. Dennoch ist zumindest *ein* Sinnelement des Leidens evident: unsere Endlichkeit und Verletzlichkeit lehren uns, den Tag zu nutzen. Carpe diem!

Bloß würde alles »Nutzen unserer Tage« wenig nützen, wenn das Genutzte, also die verwirklichten Werte und sinnreichen Taten aus unseren gelebten Tagen, mitsamt uns vergingen. Was im Klartext heißt, daß zwar unsere psychophysische Präsenz als vergängliche einzustufen ist, nicht aber die Wirkung unserer einstigen Präsenz. Sie bleibt in der Welt – über uns hinaus. Es gibt niemanden, der keine Spuren hinterließe, *seine* Spuren, die Zeugnis über ihn ablegen; die erzählen, wer er war und im Gewesensein ist.

Der Gedanke, daß all unser Wirken von uns zeugt, ist ernst gemeint. Es braucht keiner philosophischen Belehrungen, um seinen Ernst zu begreifen. Wer hätte nicht schon einmal etwas bereut? Wer hätte nicht schon einmal gewünscht, die Zeit zurückdrehen und Entscheidungen revidieren zu können, die er früher getroffen hat? Die meisten Menschen möchten nicht nochmals ganz von vorne anfangen, aber Teile ihres Lebens würden sie gerne ein zweites Mal durchleben, unter Einbringung des Wissens und der Erfahrungen, die sie mittlerweile gesammelt haben. Nur leider ist keines unserer »Selbstzeugnisse« wiederholbar, wie sich auch die Schulzeugnisse nicht ausradieren und neu schreiben lassen. Alles Getane und alles Versäumte ist für die Ewigkeit getan oder versäumt.

Viktor E. Frankl verbindet dies mit einem bemerkenswerten Gedankengang[33]: »Von der Sterblichkeit wissen wir, daß gerade sie es ist, die die Verantwortung des Menschen überhaupt erst ausmacht; denn der Mensch, der unsterblich wäre, könnte mit Recht alle Gelegenheiten zur Wertverwirklichung ungenützt vorübergehen lassen, denn es käme niemals darauf an, daß er etwas eben jetzt tut – er könnte es genausogut erst irgendwann später tun. Nur angesichts der zeitlichen Endlichkeit unseres Daseins ist es möglich, mit einer Art kategorischem Imperativ die menschliche Verantwortung zu ihrer ganzen Fülle aufzurufen, wie mit dem folgenden Imperativ: *Handle so, als ob du zum zweitenmal lebtest und das erstemal alles so falsch gemacht hättest, wie du im Begriffe bist, es zu tun.*«

In der nachfolgenden Kalendergeschichte von *Johann Peter Hebel*[34] enthüllt sich die Endlichkeit alles Irdischen in einem Unglück, das eine ganze Stadt trifft: die Stadt mit dem sinnigen Namen »Leiden«. Spannend für einen Beobachter von außen, in dessen Position der Autor den Leser hineinhievt, ist dabei die wimmelnde Geschäftigkeit der verschiedenen Stadtbewohner, die keine Ahnung davon haben, wie anders der Abend aussehen wird als der Morgen. Keiner der Toten des Abends ahnt am Morgen, daß soeben der letzte Tag seines Lebens angebrochen ist. Daher handeln die Stadtbewohner gemäß ihren Gewohnheiten und eingefahrenen Gebräuchen und legen damit in völliger »Uneinschätzung« der wahren Situation ihr end-gültiges Zeugnis von sich selbst ab. Die frommen Mütter handeln fromm, und die Diebe stehlen ..., alles so wie sonst. Nur daß keine Korrektur jemals mehr möglich sein wird.

Was würden sie tun, wenn sie dies wüßten? Wenn ihnen die Unausweichlichkeit eines Unglückes angekündigt wäre? Würden die frommen Mütter mit ihrem Tun identisch bleiben, was schlichtweg heißt, daß sie nichts anderes täten, als was sie ohnehin an diesem Tage getan hätten? Dann »Hut ab« vor ihnen! Und würden die Diebe in Frankls Diktion »handeln, als ob sie zum zweitenmal lebten und das erstemal alles so falsch gemacht hätten, wie sie im Begriffe sind, es zu tun«? Die Wahrscheinlichkeit dafür ist groß. Was ergibt sich daraus? Daß das Unglück von sehr unterschiedlicher Relevanz für die Stadtbewohner ist. Die einen holt es am richtigen Platz ein bzw. ab und die anderen am falschen. Ob das eine Rolle spielt, wenn sie alle tot sind? Nun, wer weiß. Vielleicht ist es das einzige, das wirklich eine Rolle spielt bei unserer kurzen Stippvisite auf Erden. Denn selbst wenn es eine transzendente Ebene gibt, in der jede falsche Spur unseres Erdendaseins barmherzig getilgt wird, könnte keine Verfälschung der Wahrheit in sie hineingemogelt werden. Kein vorbildliches Gehandelthaben der Diebe und kein stattgefundener Einbruch der frommen Mütter am letzten Tag ihres Lebens. Keine nachträgliche Verbesserung und keine nachträgliche Verschlechterung dessen, was ewig wahr geworden ist. Keine Korrektur im Himmel oder in der Hölle der Wahrheit über sich selbst.

Es würde folglich nicht schaden, sich in gewisser Weise als Einwohner der Stadt Leiden vor zweihundert Jahren zu verstehen. Denn auch wir wissen nie, was der Abend bringen wird und wieviel Zeit uns noch gewährt ist – für die Verwirklichung guter Vorsätze. Sollte eine solche nötig sein, beginnen wir am besten sogleich damit. Sollte eine solche im großen und ganzen nicht nötig sein, blicken wir dem Kommenden gelassen entgegen. Sei es noch so entsetzlich – wenn es uns am richtigen Platz vorfindet, was wollen wir mehr?

Diese Stadt heißt schon seit urdenklichen Zeiten Leiden und hat noch nie gewußt, warum, bis am 12. Jänner des Jahres 1807. Sie liegt am Rhein in dem Königreich Holland und hatte vor diesem Tag elftausend Häuser, welche von vierzigtausend Menschen bewohnt waren, und war nach Amsterdam wohl die größte Stadt im ganzen Königreich. Man stand an diesem Morgen auf wie alle Tage; der eine betete sein Das walt Gott, der andere ließ es sein, und niemand dachte daran, wie es am Abend aussehen wird, obwohl ein Schiff mit siebzig Fässern voll Pulver in der Stadt war. Man aß zu Mittag und ließ sichs schmecken wie alle Tage, obwohl das Schiff noch immer da war. Aber als nachmittags der Zeiger auf dem großen Turm auf halb fünf stand – fleißige Leute saßen daheim und arbeiteten, fromme Mütter wiegten ihre Kleinen, Kaufleute gingen ihren Geschäften nach, Kinder waren beisammen in der Abendschule, müßige Leute hatten Langeweile und saßen im

Wirtshaus beim Kartenspiel und Weinkrug, ein Bekümmerter sorgte für den anderen Morgen, was er essen, was er trinken, womit er sich kleiden werde, und ein Dieb steckte gerade einen falschen Schlüssel in eine fremde Tür – und plötzlich geschah ein Knall. Das Schiff mit seinen siebzig Fässern Pulver bekam Feuer, sprang in die Luft, und in einem Augenblick waren ganze lange Gassen voll Häuser mit allem, was darin wohnte und lebte, zerschmettert und in einen Steinhaufen zusammengestürzt oder entsetzlich beschädigt.

Viele hundert Menschen wurden lebendig und tot unter diesen Trümmern begraben oder schwer verwundet. Drei Schulhäuser gingen mit allen Kindern, die darin waren, zugrunde; Menschen und Tiere, welche in der Nähe des Unglücks auf der Straße waren, wurden von der Gewalt des Pulvers in die Luft geschleudert und kamen in einem kläglichen Zustand wieder auf die Erde. Zum Unglück brach auch noch eine Feuersbrunst aus, die bald an allen Orten wütete, und konnte fast nimmer gelöscht werden, weil viele Vorratshäuser voll Öl und Tran mit ergriffen wurden. Achthundert der schönsten Häuser stürzten ein oder mußten niedergerissen werden. Da sah man denn auch, wie es am Abend leicht anders werden kann, als es am frühen Morgen war, nicht nur mit einem schwachen Menschen, sondern auch mit einer großen volkreichen Stadt.

Antworten auf die Frage des Buchfinks

Wir haben in den beiden letzten Geschichten ernste Lebensbetrachtungen angestellt und dabei die schmerzlichen Seiten des Lebens sowie seine Vergänglichkeit reflektiert. In früheren Geschichten hat sich das Leben uns von durchaus anderen Seiten gezeigt: von komischen, von lustvollen, von beziehungskriselnden und von mystisch-durchwobenen.

Es ist daher kein Wunder, daß die »Lebenslehren« der verschiedenen religiösen und psychologischen Richtungen voneinander abweichen. Die Palette des Lebens ist so bunt, daß die vielfältigsten Farben darauf ihre Berechtigung haben, obschon nicht jede zu jedem Ölgemälde paßt. Jede kann verunzieren und verschönern, und keine kann leinwandausfüllend sein. Analog können auch die Lebenslehren nie allgemeingültig und alle Entwicklungen abdeckend sein. Stets wird es unikale, hochindividuelle und unvergleichliche Situationen geben, in denen sie mit ihren allgemeinen Prinzipien scheitern, weil das Generelle unübertragbar ist auf das Spezielle.

Es möge mir gestattet sein, dies an Hand einer Kurzkarikatur der unterschiedlichen psychologischen Ansätze zu demonstrieren. Nehmen wir an, ein Patient kommt unpünktlich zur therapeutischen Sitzung. Wie reagieren die typischen Vertreter der psychologischen Richtungen darauf?

Der *Psychoanalytiker* wittert verdrängte familiäre Dissonanzen beim Patienten, die per Symptom auf ihn übertragen werden, weshalb er fragt: »Wen wollen Sie mit Ihrer Unpünktlichkeit wirklich strafen, Ihren Vater, Ihre Mutter ...?«

Der *Gesprächspsychotherapeut* zeigt alle Empathie, der er fähig ist, enthält sich sorgfältig jeder Be- und Entwertung und fragt den Patienten mit neutraler Stimme: »Wie fühlen Sie sich eigentlich, wenn Sie zu spät kommen?«

Der *Verhaltenstherapeut* will Fehlverhalten abbauen und soziale Lernprozesse anleiern, indem er sagt: »Künftig werden Ihnen pro Unpünktlichkeit 10 Minuten Therapiezeit abgezogen, und pro Pünktlichkeit 10 Minuten dazugeschenkt.«

Und der *Logotherapeut?* Er steigt gemeinsam mit seinem Patienten in einen Dialog darüber ein, welchen Sinn es haben könnte, im Leben verläßlich und pünktlich zu sein, und in welchen Situationen dies besonders angezeigt sein dürfte.

Keiner greift dabei völlig daneben. Selbstverständlich wird der Patient Beziehungsmuster aus seinem Familienleben in neue Beziehungen hineintragen. Wird er sensibel sein in bezug auf fremde Wertungen, vor allem Abwertungen seines Verhaltens. Wird seine Lerngeschichte beweisen, daß wiederholt Fehlverhalten bei ihm verstärkt worden ist. Und wahrscheinlich wird er sich des Sinnes einer nachträglichen Selbsterziehung zur Pünktlichkeit nicht allzu klar bewußt sein. Alle psychologischen Interpretationsvarianten des Störungsbildes werden in schillernder Mixtur auf der Palette des Lebens vorhanden sein.

Aber eine davon wird im aktuellen Therapiegespräch kraft der Therapeutenreaktion fruchtbar werden. Sie wird den Patienten am ehesten erreichen, ihn bewegen, ihn, wenn es sein muß, existentiell erschüttern und das Beste aus ihm herauslocken. Welche wird es sein? Die Entlarvung einer Negativtendenz in ihm? Die wohlmeinende Freistellung von Verantwortlichkeit? Angedrohte Konsequenzen? Oder der eingesehene Sinn, der *für sich selbst spricht?* In der Logotherapie halten wir viel von letzterem. Warum? Vielleicht weil der Sinn, wie wir ihn verstehen, *transsubjektiv* ist, über das Subjekt mitsamt dessen Erfahrungen, Empfindungen, Lerngeschichte, zu erwartenden Belohnungen und Bestrafungen hinausreicht, weil er in der Schöpfung draußen pulsiert, das Geschöpf einbindend in ein Gesetz, das höher steht als alle Gesetze. Nicht, daß wir ihn kennten, den Sinn. Doch in der Nachfolge des gesuchten – nicht gekannten – Sinnes kommen wir dem Geheimnis gelingenden Lebens vermutlich näher als mit jedem Prinzipienkatalog von Menschenhand.

Das nachfolgende *Märchen aus Schweden*[35] bringt die buntschillernde Palette des Lebens in Gestalt eines Streitgesprächs zum Ausdruck. Der Buchfink hat die Ursprungsfrage in die Natur hineingeworfen, und da rollt sie nun von Antwortversuch zu Antwortversuch, und keiner geht ganz daneben, und keiner stimmt völlig. Wie die Lebenslehren religiöser Doktrin, wie die Lebensentwürfe der psychologischen Schulen bleibt jeder Antwortversuch im Subjektiven, bis schließlich die Morgenröte den Überbogen spannt zum Transsubjektiven. Könnte ihre Antwort die eine sein, die uns erreicht?

An einem schönen Sommertag um die Mittagszeit war große Stille am Waldrand. Die Vögel hatten ihre Köpfe unter die Flügel gesteckt, und alles ruhte. Da streckte der Buchfink sein Köpfchen hervor und fragte: »Was ist eigentlich das Leben?« Alle waren betroffen über diese schwierige Frage. Im großen Bogen flog der Buchfink über die weite Wiese und kehrte zu seinem Ast im Schatten des Baumes zurück.

Die Heckenrose entfaltete gerade ihre Knospe und schob behutsam ein Blatt ums andere heraus. Sie sprach: »Das Leben ist lauter Freude und Sonnenschein.«

Drunten im Gras mühte sich eine Ameise mit einem Strohhalm, zehnmal länger als sie selbst, und sagte: »Das Leben ist nichts anderes als Mühsal und Arbeit.« Geschäftig kam eine Biene von der honighaltigen Blume auf der Wiese zurück und meinte dazu: »Nein, das Leben ist ein Wechsel von Arbeit und Vergnügen.«

Da so weise geredet wurde, steckte auch der Maulwurf seinen Kopf aus der Erde und brummte: »Das Leben? Es ist ein Kampf im Dunkeln.«

Nun hätte es fast einen Streit gegeben, wenn nicht ein feiner Regen eingesetzt hätte, der sagte: »Das Leben besteht aus Tränen, nichts als Tränen.« Dann zog er weiter zum Meer. Dort brandeten die Wogen und warfen sich mit aller Gewalt gegen die Felsen und stöhnten: »Das Leben ist ein stets vergebliches Ringen nach Freiheit.«

Hoch über ihnen zog majestätisch der Adler seine Kreise. Er frohlockte: »Das Leben, das Leben ist ein Streben nach oben.« Nicht weit vom Ufer entfernt stand eine Weide. Sie hatte der Sturm schon zur Seite gebogen. Sie sagte: »Das Leben ist ein Sichneigen unter eine höhere Macht.« Dann kam die Nacht. Mit lautlosen Flügeln glitt der Uhu über die Wiese dem Wald zu und krächzte: »Das Leben heißt: die Gelegenheiten nützen, wenn andere schlafen.« Und schließlich wurde es still in Wald und Wiese. Nach einer Weile kam ein junger Mann des Wegs. Er setzte sich müde ins Gras, streckte alle viere von sich und meinte, erschöpft vom vielen Tanzen und Trinken: »Das Leben ist das ständige Suchen nach Glück und eine lange Kette von Enttäuschungen.«

Auf einmal stand die Morgenröte in ihrer vollen Pracht auf und sprach: »Wie ich, die Morgenröte, der Beginn des neuen Tages bin, so ist das Leben der Anbruch der Ewigkeit.«

Des Holzhackers erfüllter Wunsch

Unter den Antworten auf die Frage des Buchfinks befindet sich eine, die in der Psychotherapie wohlbekannt ist, weil sie vielen neurotischen und psychopathischen Störungen zum Durchbruch verhilft. Charakteristischerweise ist es die Antwort des Menschen. Und zwar eines Menschen, der nachts, vom Tanzen und Trinken müde, allein durch den Wald irrt. Nicht, daß Tanzen oder Trinken oder nächtliche Spaziergänge abnorm wären, doch in der Summe könnten sie, sofern man den Symbolgehalt des Märchens nicht überstrapazieren, sondern eher jenes Körnchen Volksweisheit, das es enthält, daraus extrahieren will, eine gewisse Sturm-und-Drang-Unausgegorenheit des jungen Mannes andeuten.

Wie aber hat seine Antwort gelautet? »Das Leben ist eine ständige Suche nach Glück...« Dieser Farbtupfer ist buchstäblich nicht auf der Palette gelingenden Lebens. Hätte er gesagt: »Das Leben ist eine ständige Suche nach Sinn«, wäre in ihm quasi die Morgenröte aufgedämmert. So hingegen nimmt er nur die Enttäuschungen wahr, die seine Glücksstrebigkeit produziert. »Je mehr es einem um die Lust geht, desto mehr vergeht sie einem auch schon« – ein berühmter Ausspruch Frankls. Wer ständig nach Glück sucht, wird zum Unglücksraben.

Mehr noch: Glück ist ein Beiwerk der Sinnsuche des Menschen. Unangestrebt kommt es auf leisen Sohlen zu denen, die sich hingeben an eine Aufgabe, die ihnen sinnvoll dünkt, weil die Fühler ihres Gewissens darauf hinweisen. Glück ist nicht Wunschbefriedigung. Die Wohlstandskinder der reichen Industrieländer und ihre Eltern haben diese Lektion unter fürchterlichem Gestöhne lernen müssen. Immer wieder plumpsten sie in die Fallgruben falscher Glückshypothesen. »Wenn unser Kind die teuersten Schulen durchläuft, wird es später in seinem Beruf glücklich werden. Wenn wir ihm erlauben, Tennis zu spielen, Reitstunden zu nehmen, sich auf Parties zu amüsieren und einmal rund um die Erde zu jetten, wird es froh und glücklich sein. Wenn wir ihm sein Zimmer gemütlich einrichten, mit den Luxusgeräten, die es sich wünscht, wird es ganz bestimmt bald glücklich sein...«, so die Eltern. Das Glück kam nie. Statt dessen erhielt das verwöhnte Kind unerwünschten Besuch. Depressionen, Überdruß und Übersättigung, Orientierungsverlust und ständige Unzufriedenheit schlichen durch seine Türe herein und umlagerten die teuren High-Tech-Anlagen, auf daß das Kind sie am liebsten in jähen Wutanfällen zertrümmert hätte. Die teuren Schulen verloren an Attraktion, Straßen-Gangs lockten mit perversem Thrill, Drogen konnten mit ihren Traumversprechen landen, und am Ende war außer Verständnislosigkeit bei den Eltern und Verzweiflung beim Kinde nicht mehr viel übrig.

Glück ist nicht Wunschbefriedigung. Was hat es dann aber mit den Wünschen auf sich? Sollen die vielen guten Wünsche umsonst sein, die Freunde gegenseitig austauschen? Die Geburtstagswünsche, die Hochzeitswünsche, die Segenswünsche? Keineswegs! Gute Wünsche haben eine ähnlich positive Ausstrahlung wie inbrünstige Gebete oder das zärtliche Gedenken eines Verstorbenen. Jeder Gedanke, der einer Regung des Herzens entspringt und von der Liebe kündet, hallt in weiten Kreisen nach wie das Echo in den Bergen, potenziert sich und schwingt zurück zu seinem Absender. Vielleicht wäre die Menschheit ohne die unzähligen guten Wünsche und Gebete von Millionen durch die Jahrtausende hindurch schon längst ausgestorben.

Der Akt des Wünschens selbst ist also kein kritischer im psychohygienischen Sinne. Vor allem dann nicht, wenn er andere mit einschließt und nicht am

Ego hängenbleibt. Wenn das »Ich wünsche mir« zumindest ausbalanciert wird mit einem »Ich wünsche dir«. Trotzdem ist es dem Menschen nicht zu wünschen, daß seine Wünsche allzu häufig in Erfüllung gehen, so eigenartig paradox das anmutet. Er verträgt es einfach nicht. Sein Naturell rebelliert dagegen. Die Psychologie weiß ein Lied davon zu singen. Wirtschaftswunder lösen moralische und kulturelle Talfahrten aus, Inflationen des Familienlebens, Kriminaldelikte aus Gleichgültigkeit, übersteigert hysterische und hypochondrisch-verweichlichte Verhaltensformen sowie Aberglauben in düstersten Schattierungen. Kein Tanz um das Goldene Kalb, kein Turmbau zu Babel ist uns Menschen wohl bekommen, auch nicht in der späten zweiten Hälfte des 20. Jahrhunderts, und wenn Viktor E. Frankl glaubhaft berichtet, daß es in den Konzentrationslagern praktisch keine psychosomatischen Krankheiten gegeben hat, ist das in Anbetracht der heutigen Flut an psychosomatischen Störungen in unserer Bevölkerung mehr als beschämend.

Die nachfolgende Gute-Nacht-Geschichte von *Sigurd Hutschenreuther*[36] führt uns das dargelegte Paradoxon anschaulich vor Augen. Einem Holzhacker wird ein Wunsch zur Erfüllung freigestellt. Und selbstverständlich wünscht er sich etwas, das seine schwere tägliche Arbeit erleichtern soll. Nur sieht die Erleichterung im Endeffekt anders aus, als er sie sich gedacht hat. Er geht an ihr zugrunde.

Vielleicht halten wir, nachdem wir die Geschichte

gelesen haben, einen Moment inne und überlegen, was in unserem eigenen Leben passieren könnte, falls unsere geheimsten Wünsche in Erfüllung gingen. Wenn wir plötzlich viel Geld im Lotto gewännen? Wenn wir kräftig und robust gebaut wären, wenn wir den ersehnten Direktorsposten angeboten bekämen oder uns der Partner auf Händen trüge und untertänigst dienen würde? Wäre das wirklich das Paradies? Oder fiele uns nach dem ersten freudigen Überschwang mit der Zeit auch irgend etwas auf den Kopf...?

Ein Holzhacker fluchte, weil sein Baum nicht auseinanderging. Ein altes Weiblein kam vorbei mit einem Korb, das sagte: »Du darfst dir etwas wünschen!« Der Mann entgegnete: »Ich wünsche mir, daß jedes Stück Holz in Stücke geht, wenn ich es nur anfasse.«

Als der Mann heimkam, setzte er sich auf einen Stuhl – der brach zusammen. Hernach zog er seine Holzpantinen an – die sprangen entzwei. Er wollte sich Strümpfe aus dem Schrank holen – da fiel der ganze Kasten in Stücke. Als er die Schwarzwälder Uhr aufzog – plumpste sie in tausend Scherben von der Wand. Als er das Brot in der Schublade suchte – stürzte der ganze Tisch zusammen. Nun wollte er sich ins Bett legen, aber – bums! fielen die Bretter auseinander, dabei purzelte er gegen die hölzerne Wand – und jetzt fiel das ganze Haus ein! Da war sein Haus kaputt.

Nun wollte er zu Verwandten gehen, aber wie er dort an die Tür klopfte – ging die Tür mitsamt dem Türstock in Trümmer. Von da ab ließ ihn niemand mehr ins Haus, darum mußte er im Wald schlafen. Im Schlaf stieß er an einen Baum – der krachte sogleich zusammen. Die Trümmer fielen dem Mann auf den Kopf. Da war er tot.

Allgemeine Betrachtungen über das Weltgebäude

Ich möchte noch einmal auf die Frage des Buchfinks im schwedischen Märchen zurückkommen. Er hat nach einer Definition des Lebens gefragt, und die Resonanz war kunterbunt gewesen. Wie sie es bei unseren Patienten ist und nicht nur bei denen, die das Leben irrtümlich als ständige Glückssuche betrachten oder – Metapher: Maulwurf – als Kampf im Dunkeln oder – Metapher: Regen – als Tränenmeer.

Auch Viktor E. Frankl ist einmal gefragt worden, obzwar nicht von einem Buchfink, sondern von einem Reporter, wie er das Leben definiere. In seiner Antwort zitierte er ein Wort *Hebbels*, das sich seiner Meinung nach zur optimalen Definition eignet: »Das Leben ist nicht etwas, es ist immer nur die Gelegenheit zu etwas.« Welch ein salomonischer Spruch! Der Definierende selbst definiert, *wofür* sein Leben vorrangig verwendet wird: ob als Gelegenheit, zu weinen oder zu lachen, ob als Gelegenheit, zu kämpfen oder zu schlichten, usw. Man mag dagegen einwenden, daß man leicht wählen kann, wofür man sein Leben verwendet, solange man munter und gesund ist. Doch verringert sich das Wahlpotential mit zunehmender Krankheit und Schwäche, und sollte man etwa fiebergeschüttelt darniederliegen und sich vor Schmerzen kaum rühren können, dann sei es mit den Gelegenheiten des Lebens nicht weit her.

Doch Viktor E. Frankl verweist auf ein Paar alternativer Möglichkeiten, die beide unter dem Horizont gelingenden Lebens aufscheinen, selbst und insbesondere bei Krankheit[37]:

> Dieses Wort Hebbels bestätigt sich angesichts der alternativen Möglichkeit, entweder das Schicksalhafte (also ursprünglich und an sich Unveränderliche) im Sinne schöpferischer Wertverwirklichung zu gestalten oder, falls dies wirklich unmöglich sein sollte, sich im Sinne von Einstellungswerten zum Schicksal so zu verhalten, daß noch im rechten Leiden eine menschliche Leistung liegt. Es klingt nun wie eine Tautologie, wenn wir sagen, Krankheiten geben dem Menschen »Gelegenheit« zum »Leiden«. Fassen wir jedoch »Gelegenheit« und »Leiden« im obigen Sinne, dann ist der Satz gar nicht so selbstverständlich. Vor allem deshalb nicht, weil zwischen Krankheit – auch seelischer – und Leiden grundsätzlich unterschieden werden muß. Nicht nur, daß der Mensch krank sein kann, ohne im eigentlichen Sinne zu »leiden«; es gibt andererseits ein Leiden, das jenseits allen Krankseins liegt, ein schlechthin menschliches Leiden, eben jenes Leiden, das zum menschlichen Leben wesensmäßig und sinngemäß dazugehört. Es kann sonach der Fall eintreten, daß die Logotherapie einen Menschen *leidensfähig* machen muß... Es gibt nämlich

> Situationen, in denen der Mensch in echtem Leiden und nur darin sich erfüllen kann. Und die »Gelegenheit zu etwas«, die das Leben bedeutet, kann auch im Falle einer Gelegenheit zu echtem Leiden, also im Falle einer Möglichkeit zur Verwirklichung von Einstellungswerten, versäumt werden. Jetzt verstehen wir, wieso Dostojewski sagen konnte, er fürchte nur eines: seiner Qual nicht würdig zu sein. Nun ermessen wir aber auch, welche Leistung im Leiden von Kranken liegt, die darum zu ringen scheinen – ihrer Qual würdig zu sein.

Der alternative Vorschlag Frankls lautet mithin: solange man gesund ist, das Leben als Gelegenheit zur Verwirklichung schöpferischer Werte (= die Wahl werthafter äußerer Er-/Neuerungen) zu verstehen und es mit Freude und Engagement kunstvoll zu gestalten, und, sobald man krank ist, das Leben als Gelegenheit zur Verwirklichung von Einstellungswerten (= die Wahl werthafter innerer Einstellungen) aufzufassen und sich mit Würde und Tapferkeit ins Unabänderliche zu fügen. Eine solche Lebensschau klammert nichts aus, in ihr gibt es keine Un-gelegenheit, die nicht Gelegenheit wäre zu wertvollem Response.

Demzufolge läßt sich feststellen, daß von der jeweiligen Lebensbetrachtung eines Menschen ungemein viel für seinen Lebensstil und seine Lebensbewältigung abhängt. Das über uns Hereinbrechende, Unsteuerbare, nicht Wählbare, das Frankl das »Schicksalhafte« nennt, ist nicht das Ausschlaggebende, sosehr wir geneigt sind, es dafür zu halten. Nein, es kann uns das Leben schwer machen, aber damit ist seine Autorität auch schon am Ende. Ausschlaggebend ist unsere Haltung dem Schicksalhaften gegenüber. Und unsere Haltung dem Freien gegenüber, den kleinen freien Zwischenräumen zwischen den Schicksalsblöcken gegenüber. Wer das fremdgeleitete Schicksal würdig durchsteht und die Freiräume eigenständig gestaltet, weil beides für ihn Gelegenheit ist, das ihm gegebene und aufgegebene Leben im Zeichen der Bejahung zu leben, der hat das »Buch mit den sieben Siegeln« schon fast entziffert. Was könnte ihn noch aus der Bahn werfen?

Ein letztes Mal wollen wir uns dazu eine Kalendergeschichte von *Johann Peter Hebel*[38] zu Gemüte führen. In ihr teilt er seine Lebens- und Weltbetrachtung mit, wie er sie vor rund zweihundert Jahren für sich gewonnen hat. Daß er sich dabei auf Geheimnisse bezieht, die heute keine Geheimnisse mehr sind, soll uns nicht stören, sind sie doch Platzhalter für das zeitlose Mysterium. Auch er wußte damals, daß es nicht leicht ist, im »Himmelsbuch« zu lesen, in welchem Empfehlungen zu allen Gelegenheiten stehen, die das Leben uns offeriert. In welchem »bewährte Mittel gegen den Aberglauben und gegen die Sünde«, in moderner Terminologie: gegen philosophische Halbheiten und selbstzerstörerische Widersinnigkeiten, zu finden sind. Das Buch ist auf »Arabisch« geschrieben, und wir haben keinen »Dolmetscher«. Doch wer einmal beim Entziffern Fortschritte gemacht hat, der wird – heute wie damals – ein anderer.

Dem geneigten Leser, wenn er zwischen seinen bekannten Bergen und Bäumen daheim sitzt bei den Seinigen oder bei einem Schöpplein im »Adler«, so ists ihm wohl, und er denkt just nicht weiter. Wenn aber früh die Sonne in ihrer stillen Herrlichkeit aufgeht, so weiß er nicht, wo sie herkommt, und wenn sie abends untergeht, weiß er nicht, wo sie hinzieht, und wo sie die Nacht hindurch ihr Licht verbirgt, und auf welchem geheimen Fußpfad sie die Berge ihres Aufgangs wiederfindet. Oder wenn der Mond einmal bleich und mager, ein ander Mal rund und voll durch die Nacht spaziert, er weiß wieder nicht, wo das herrührt, und wenn er in den Himmel voll Sterne hinaufschaut, einer blinkt schöner und freudiger als der andere, so meint er, sie seien alle wegen seiner da, und weiß doch nicht recht, was sie wollen.

Guter Freund, das ist nicht löblich, daß man so etwas alle Tage sieht, und fragt nie, was es bedeutet. Der Himmel ist ein großes Buch über die göttliche Allmacht und Güte, und stehen viele bewährte Mittel darin gegen den Aberglauben und gegen die Sünde, und die Sterne sind die goldenen Buchstaben in dem Buch. Aber es ist Arabisch, man kann es nicht verstehen, wenn man keinen Dolmetscher hat. Wer aber einmal in diesem Buch lesen kann, in diesem Psalter, und liest darin, dem wird hernach die Zeit nimmer lang, wenn er schon bei Nacht allein auf der Straße ist; und wenn ihn die Finsternis verführen will, etwas Böses zu tun, er kann nimmer.

Geschichten zum Thema Friedensgruß

Wie spielt man Frieden?

Einer der am hellsten leuchtenden Sterne, vielleicht der leuchtendste im Himmelsbuch, ist der Friede. Ihm, unter dem, wo immer sein Licht in menschliche Behausungen einsickert, Bethlehem liegt, sei die abschließende Geschichtenreihe gewidmet.

Lauscht man täglich mehrere Stunden lang den Wehklagen und Beschwerden seelisch kranker Menschen, treten bei aller Varietät der Patienten gewisse Übereinstimmungen auf. Man nimmt sie wahr, wie man einzelne Wellen am windüberblasenen Ozean wahrnimmt: jede Welle wiederholt die Struktur ihrer vorhergegangenen, auch wenn sie nie dieselbe ist. Bei den Patienten ist eine solche Struktur das oft wiedergekaute Bild, gleichsam ein Behälter zu sein, in den die unliebsame Mitwelt bedauerlicherweise nur wenige oder unbrauchbare Gegenstände eingespeichert hat, so daß ihm auch nur wenige oder unbrauchbare Gegenstände entnommen werden können. Da erfahrungsgemäß ca. 75% der Patienten psychotherapeutischer Praxen weiblich sind (woraus besser keine voreiligen Schlüsse gezogen werden!), taucht beim Zuhören fast visuell das Bild einer Schachtel auf, in die ein Fetzchen Stoff, eine rostige Schere, Garnreste, eine zerbröckelnde Kreide, verbogene Nadeln und ein halbes Maßband hineingelegt worden sind – nicht von einem authentischen Ich, sondern von Eltern, Lehrern, Vorgesetzten, Ehepartnern usw. Und man weiß schon, was als nächstes an die Reihe kommt: die absolut dehumane Behauptung, daß außer Schere, Nadel, Fetzchen usw. auch nichts herausfallen kann, wenn man die Schachtel öffnet und umdreht.

Das ist die Struktur des Krieges. Mehr an Zutaten benötigt er nicht, weder zu seiner Entflammung noch zu seinem unersättlichen Weiterbrennen, bis alles in Schutt und Asche liegt. »Du bist schuld an dem, was ich tue«, lautet seine Standardentschuldigung. »Wie du mir, so ich dir«, lautet sein Angriffsruf. »Die anderen haben mich provoziert, sie haben mich so lange gekränkt, bis ich vor Wut ganz krank geworden bin, sie haben die Aggression herausgefordert, ich konnte nicht anders als mich verteidigen...« – jede Welle wiederholt die Struktur ihrer Vorgängerin. Daß im Menschen der Funke glüht, der alles neu macht, daß aus jeder wie oben beschrieben gefüllten Schachtel eine prachtvolle Bluse, ein gesticktes Deckchen, ein verwandelter Inhalt entsteigen kann, daß weder eine echte noch eine eingebildete Provokation tatsächlich eine Aggression aus einem herauszupressen vermag, ist vergessen oder war nie bewußt.

Im Frankl-Zitat über das Paar alternativer Möglichkeiten ist erwähnt worden, daß es mitunter psychotherapeutisches und insbesondere logotherapeutisches Anliegen sein kann, einen Menschen *leidensfähig* zu machen (und nicht bloß arbeitsfähig und genußfähig, wie von der Psychoanalyse proklamiert). Wie recht Viktor E. Frankl hat, zeigt sich daran, daß nur der leidensfähige Mensch auch *friedensfähig* ist; wobei es heutzutage ein umgreifendes globales Anliegen ist, den Fortschritt des Homo sapiens in Richtung Friedensfähigkeit voranzutreiben. Warum aber ist nur der leidensfähige Mensch friedensfähig? Weil nur er seine Kräfte frei hat zur Transformation eines empfangenen Negativums in ein ausgesandtes Positivum oder im Bilde: zur Verwandlung von Fetzen in Bluse. Weil nur er das Leid, das ihm angetan worden ist, bearbeiten und verkraften kann auf eine Weise, die ihn nicht verleitet, erneut Leid auszuteilen, zurück- und weiterzuschlagen und somit Glied einer schrecklichen Kette des Leides zu werden. Der leidensfähige Mensch ist der eine, der die Kette zum Abreißen bringt.

In der nachfolgenden Geschichte von *Marie Luise Dieckmann*[39] stellen Kinder die uralte und hochaktuelle Frage des Homo sapiens, wie das Spiel des Friedens wohl geht. Irgendwie sind die Spielregeln noch nicht klargeworden. Ratlosigkeit herrscht vor. Man will es ja spielen, gerne sogar. Aber man kennt nur das Spiel des Krieges...

Stecken wir diesbezüglich nicht alle in den Kinderschuhen? Sind wir nicht alle ratlos wegen der vermißten Spielregeln? Dabei gibt es eine, die wir auf den nächsten Seiten gemeinsam bedenken wollen. Ein Bischof faßte sie einst in das gewichtige Wort: »Es gelte nicht: Wie du mir, so ich dir. Es gelte: Wie Er mir, so ich dir«.

Der russische Schriftsteller Marschak beobachtete einmal sechs- bis siebenjährige Kinder beim Spiel. »Was spielt ihr?« fragte er sie. »Wir spielen Krieg«, antworteten ihm die Kinder. Daraufhin erklärte ihnen der Schriftsteller:

»Wie kann man nur Krieg spielen! Ihr wißt doch sicher, wie schlimm Krieg ist. Ihr solltet lieber Frieden spielen.«

»Das ist eine gute Idee«, sagten die Kinder. Dann Schweigen, Beratung, Tuscheln, wieder Schweigen. Da trat ein Kind vor und fragte: »Großväterchen, wie spielt man Frieden?«

Betriebe mit guter und schlechter Atmosphäre

Es war von einer Kette des Leides die Rede, die wir selbst erzeugen. Wobei die Frage, wer jeweils mit ihr angefangen hat, im Prinzip gleichgültig ist. Da niemand von uns als »Engel mit zwei Flügeln« auf die Welt gekommen ist, sondern wir uns allenfalls im Laufe unseres Lebens ein Miniflügelchen erwerben (Luciano de Crescenzo: »Wir sind die Engel mit nur einem Flügel. Um fliegen zu können, müssen wir uns umarmen!«), wird es bei unserem Umgang miteinander immer Irrtümer, Reibereien und Ungeschicklichkeiten geben, die jemanden schmerzen. Man sagt etwas geradeheraus, denkt nicht lange darüber nach, legt das Gesagte nicht auf die Goldwaage, und schon ist der andere verletzt. Seine Überreaktion muß gar nichts mit uns zu tun haben, sie kann in einem situationsfremden Kontext stehen. Je undifferenzierter jemand ist, je weniger er sich die Mühe macht, zwischen alten Assoziationen, die in ihm aufsteigen, und gegenwärtig Vorgefallenem zu unterscheiden, desto leichter wird er auf winzige Unstimmigkeiten hin bereits »ausflippen«.

Ein Beispiel dazu. Ein Mann wurde mit einem kleinen Defekt geboren, einem gekrümmten Rücken im Brustbereich. Als Kind ist er deswegen öfters von seinen Kameraden gehänselt worden, weniger aus Bosheit, denn aus Dummheit. Nun ist er mit einer jungen Dame liiert, die bei einem Tanzfest zu ihm sagt: »Kannst du dich nicht etwas aufrechter halten?« Das tut weh – nicht die harmlose Frage der Tänzerin, sondern die alte Erinnerung an das Gelächter der dummen Buben von nebenan. Vielleicht wird die junge Dame während des Festes zudem noch von einem anderen Mann zum Tanz aufgefordert und willigt ohne Zögern ein. Und der andere ist gut gewachsen, groß und schlank. Das tut dann auch weh – nicht ihr kurzes Amüsement mit einem Unbekannten, sondern das schlechte Abschneiden von sich selbst beim Vergleich mit jenem Unbekannten. Es kann sein, daß die junge Dame den Buckligen aufrichtig liebt, aber da sie keine Hellseherin ist, kann sie nicht erraten, was hinter seiner umwölkten Stirne vor sich geht; und da sie ferner kein Engelchen mit zwei Flügeln ist, kann sie nicht ununterbrochen aufpassen, mit ihren Äußerungen und Verhaltensweisen ja nicht ins Fettnäpfchen zu treten. Sie wird sich also ungezwungen geben, wie ihr der Sinn steht. Beim Buckligen hingegen wird sich im Laufe des Abends Schmerz an Schmerz fügen, bis er platzt – herausplatzt mit einem bösen Wort, einer unbegreiflichen Geste der Zurückweisung, einem absurden Davonrennen. Was wiederum den Effekt haben kann, daß die Sympathie der jungen Dame für ihn einen gehörigen Dämpfer erhält.

Von wem ist in diesem Beispiel die Kette gestartet worden? Von der jungen Dame mit der nicht übermäßig taktvollen Bitte, ihr Tanzpartner möge sich um eine aufrechtere Haltung bemühen? Aber ist nicht wirklich noch ein Spielraum an Sich-gerade-Halten drin, und wäre es nicht ganz gut, diesen bis an die Grenze auszuschöpfen? Ist die Kette dann von den Spielgefährten aus des Mannes Kindheit gestartet worden? Nur bedingt. Das Hänseln war zweifellos grausam, aber konnten die Burschen dies damals richtig einordnen und verstehen? Waren sie in ihrem eigenen Erziehungsmilieu dafür aufgeschlossen worden? Und muß nicht andererseits ein Mensch mit einem Körperfehler einfach irgendwann lernen, daß dem so ist, um daran seelisch zu reifen und später problemlos damit leben zu können? Fragen über Fragen.

Wir sehen, es ist wenig relevant und kaum eruierbar, wann, wo und von wem eine Kette des Leides gestartet worden ist. Was jedoch von elementarer Wichtigkeit ist, ist die Entscheidung des einzelnen, sie weiterlaufen zu lassen oder – nicht. Die Kardinalfrage spitzt sich demzufolge auf das »Nicht« zu: wie geht »nicht«? Wie bleibt man heil im Schmerz, ohne ihn an seinen Nächsten auszulassen? Wie spielt man Frieden?

Übergeben wir noch einmal dem Arzt *Wladimir Lindenberg*[40] das Wort, der im nachstehenden Textabschnitt zu unterschiedlichen Atmosphären in Betrieben Stellung nimmt. Mit Blick auf das moderne

Schlagwort »Mobbing« kommt dem Text hohe Brisanz zu. Wann ist ein Betriebsklima vergiftet? Man könnte sagen: wenn die Leidketten ungehindert durchrasseln und zu guter Letzt im Privatleben der Mitarbeiter landen. Lindenberg beschränkt sich aber nicht auf das Diagnostizieren des Unheilvollen. Er holt Martin Buber als Lehrer heran, um in dessen Chassidischem Weisheitsschatz über die Schaffung einer guten betrieblichen Atmosphäre nachzulesen. Und was steht darin? Wer sich mit einer gegenwärtigen Aufgabe identifiziert, mausert sich aus alten Traumata heraus, legt antiquierte Animositäten ab und steckt kleine Ausrutscher anderer mit Bravour ein. Hätte also der bucklige Mann aus unserem Beispiel das feine Gespinst der Zuneigung zwischen ihm und der jungen Tänzerin als eine persönliche Aufgabe erlebt, als die Aufgabe, diese schöne, sich anbahnende Beziehung wie ein Juwel zu hüten und wenn möglich noch zu festigen, indem er die geschätzte Person auf ihrem eigenen Weg fördert, so gut er kann, hätte sich sein Schmerz – und in einem damit der von ihm weitergereichte Schmerz – alsbald verflüchtigt.

Könnte Martin Buber nicht auch unser Lehrer sein?

In manchen Betrieben, in denen die Atmosphäre keine gute ist, ein Chef oder Meister ein Unreifer, Jähzorniger ist, prasselt es nur so Unfreundlichkeiten. Sie verursachen Kettenreaktionen. Mit dem verwundeten Selbstgefühl kann der Mensch nicht gut leben. Er braucht ein Ventil. Er sucht sich ein schwächeres Opfer. Das Opfer ist seine Familie, dort kann er sich gehenlassen, und er nimmt es auf mit seiner

Frau oder den Kindern. Es gibt bei dem großen russischen Schriftsteller Anton Tschechow eine solche Stelle. Da kommt ein Vater, den man gekränkt hatte, nach Hause und sucht ein Opfer. Der Sohn läuft ihm in den Weg. »Komm her, du kriegst Prügel!« – »Wofür denn, Papa?« – »Das weißt du nicht? Du hast doch vor drei Tagen die Fensterscheibe zerschlagen!«

Die Welle des Mißvergnügens schafft körperliches Mißbehagen und die Disposition zu Erkrankung oder Unfällen. Es ist bekannt, daß die meisten Unfälle von Menschen in schlechter seelischer Verfassung verursacht werden. Ebenso ist die große Zahl von Krankschreibungen auf die gleiche Ursache zurückzuführen. Wie oft bin ich genötigt, einen Patienten krank zu schreiben. Er ist krank, aber er wehrt sich dagegen. Er darf nicht fehlen, weil dann die anderen mit seiner Arbeit belastet würden.

Es gibt Betriebe mit einer guten Atmosphäre, wo vom Chef bis zum letzten Arbeiter alle gut zueinander sind, sich nicht gegenseitig auf die Zehen treten und Rücksicht üben, wo ihre Arbeit anerkannt und gelobt wird.

Martin Buber erzählt in seinen Chassidischen Geschichten von einem alten Ladeninhaber. Er pflegte seine Lehrlinge zu beobachten. Zuerst sprach der Lehrling von seinem Meister: »Der Meister wird es Ihnen sicherlich besorgen.« Nach einer Weile, als er sich eingewöhnt hatte, fing er an zu sagen: »Wir werden sehen, daß wir es Ihnen besorgen können.« Als er aber im Laden ganz zu Hause war und sich mit ihm identifiziert hatte, sagte er: »Ich werde es Ihnen besorgen.« Erst dann gab der Meister seinem Mitarbeiter weitgehende Vollmachten.

Der hinweggeschmunzelte Ärger des Clowns

Wir sind zu der Erkenntnis gelangt, daß Friede nicht einfach bedeutet, keine Aggressionen in die Welt zu setzen bzw. niemanden vorsätzlich anzugreifen, was für einen normalen Menschen nicht sonderlich schwierig ist, sondern daß Friede bedeutet, damit fertig zu werden, daß man selbst hin und wieder Opfer einer Aggression wird, selbst angegriffen und verletzt wird, wobei die Frage der Vorsätzlichkeit dann eine untergeordnete Rolle spielt, denn auch Nicht-Vorsätzliches tut weh. Damit fertig zu werden, *ohne in der Reaktion auf das Erfahrene*, unter Rekurs darauf und im irrigen Gefühl, im Recht zu sein oder schlichtweg nicht anders zu können, *die Aggression an den Aggressor zurückzugeben oder – noch schlimmer – an Unschuldige weiterzugeben.* Ohne sie »auszuagieren« auf Kosten von Sachwerten, Pflanzen, Tieren und beteiligten oder unbeteiligten Mitmenschen; etwas, das auch für den normalen Menschen außerordentlich schwierig ist! Friede heißt, geistig-seelisch friedlich fertig zu werden mit dem an einen selbst herangetragenen und daraufhin in sich selbst tätigen Krieg. Kürzer ausgedrückt: mit eigenen Wunden, die einem nicht das namenlose Schicksal, sondern ein Gesicht mit Namen zugefügt hat.

Nun ist es eigentlich eine Domäne der Psychotherapie, ihre Patienten darüber aufzuklären, wie sie mit seelischen Wunden fertig werden können. Aber gerade an diesem neuralgischen Punkt wird offenbar, wie jung diese Wissenschaftsdisziplin noch ist. Und Jugend ist für den Zweig einer Wissenschaft partout kein Vorteil, sondern besagt vielmehr, daß seine »trial-and-error-Phase« noch voll im Gange ist und jede seiner Hauptverkehrsstraßen von heute eine grasüberwachsene Sackgasse von morgen sein kann. Dementsprechend hat sich auch die psychoanalytische Hauptstraße der Schmerzbewältigung mittels urschreiigem Hinausbrüllen des Ärgers, Sandwerfen, Bälleboxen, Sich-am-Boden-Wälzen und ähnlich primitiven Enthemmungstechniken schlecht bewährt und darf mittlerweile als Sackgasse ausgeschildert werden. Was nicht heißen will, daß der Gegenpol, das Gehemmtsein in allen Belangen der Selbstäußerung, der Durchsetzung eigener Vorhaben sowie des Sich-Schützens vor Ausbeutung und Mißbrauchtwerden *keine* Sackgasse wäre. Ein Taumeln von Extrem zu Extrem, von Sackgasse zu Sackgasse ist eben typisch für junge Forschungszweige.

Was hat die Logotherapie zu alledem beizutragen? Sie versucht den »goldenen Mittelweg« und pocht auf des Bischofs Wort, daß ein »Wie du mir, so ich dir« nicht einmal als Auslegung des alten Aug-um-Aug-und-Zahn-um-Zahn-Wortes aus der Bibel zu verwenden ist. »Endlich einmal soll die Kette des Bösen abgerissen werden! Wir wollen nicht wieder und immer wieder Unrecht mit Unrecht vergelten, Haß mit Haß erwidern und Gewalt mit Gewalt! Die Kette ... muß endlich gesprengt werden«, schreibt Viktor E. Frankl, ein KZ-Überlebender. Suchen wir sonach Hilfen zur »Kettensprengung«, die wir unseren Patienten (und uns selbst) in die Hand drücken können, wenn es not tut. Eine haben wir bereits in der vorigen Geschichte erörtert: die Konzentration auf eine persönliche Aufgabe. Sie lenkt uns vom eigenen Kummer ab und hebt uns ein wenig darüber hinaus; bei kleineren Wunden gerade so viel, wie nötig ist, sie von allein vernarben zu lassen.

Sind die Wunden größer, wenn auch nicht lebensbedrohend, bedarf es eines Heilpflasters, dem wir unter dem Terminus technicus »Einstellungswerte« bereits begegnet sind. Jede Korrektur der inneren Einstellung zu etwas bewirkt augenblicklich eine Korrektur des Umgangs damit. Speziell humorvolle, gelassene, distanzierte, weise Einstellungen können deshalb zu erstaunlich gewitzten Reaktionen auf sehr » witzlose« Attacken führen und die Gesamtsituation entdramatisieren. Zudem erhöhen sie die Selbstachtung des Menschen, der im hintersten Winkel seiner Seele ein bißchen stolz darauf ist, den erlittenen Ärger hinweggeschmunzelt zu haben.

Die nachfolgende Geschichte[41] bietet uns ein exzellentes Beispiel dafür an – für eine handfeste und dennoch hinweggeschmunzelte Kränkung. Natürlich sind Clowns Spezialisten in Sachen »Witz«, aber schlummert nicht in jedem von uns ein kleiner Clown? Geben wir ihm, bevor wir uns an irgendwelche Rachefeldzüge oder ans stupide Ausagieren machen, eine Chance! Manchmal sind seine drolligen Einfälle ein besseres Heilpflaster auf unsere Wunden und noch dazu erzieherischer für unsere »Feinde«, als wir vermuten.

Einstellungswerte zu realisieren meint nämlich nicht, seinen »Feinden« alles zu erlauben und sich ihnen wehrlos zu unterwerfen. Weit gefehlt! Gemeint ist jener gewaltfreie Widerstand, der *sie* entfeindet und *uns* ermöglicht, in der Liebe zu bleiben. Wenn es sein *muß*, mit Tränen in den Augen, wenn es sein *darf*, mit einem kleinen Lächeln auf den Lippen...

Der berühmte Clown Grock erhielt eines Tages einen Brief, der von handfesten Beleidigungen nur so strotzte. Seine Freunde rieten ihm, den Briefschreiber zu verklagen. Die Höflichkeit hat ja auch ihre Grenzen. Grock aber winkte ab. Er hatte eine bessere Methode. Er schickte den Brief an den Absender zurück und fügte hinzu: »Gestern wurde mir beiliegender Brief zugestellt. Ich sende Ihnen den Brief zu, da Sie als angesehener Bürger wissen müssen, daß irgendein unverschämter Kerl in Ihrem Namen beleidigende Briefe schickt... Mit freundlichen Grüßen.«

Der kostbarste Moment im Leben eines Pfarrerssöhnchens

Sind die Wunden, die uns geschlagen worden sind, noch größer, sind sie wahrhaft lebensbedrohend, drohen sie uns und die Unsrigen zu vernichten, hilft nur noch der Hiobs-Pfad des Ringens und Betens. Ein steiniger Pfad, auf dem es manchmal Jahre währt, bis wir vom Fleck kommen. Doch wissen wir just aus der jungen und noch in Entwicklung begriffenen Wissenschaft der Psychotherapie, daß kein inneres Ringen, auch wenn es von außen besehen einen stagnativen Eindruck macht, umsonst ist. Inneres Ringen ist ein Sich-Umschmieden im Feuer. »Erst unter den Hammerschlägen des Schicksals, in der Weißglut des Leidens an ihm, gewinnt das Leben Form und Gestalt«, behauptet Viktor E. Frankl, und wir gehen gewiß nicht fehl in der Annahme, daß er in diesem Satz sowohl Patientenstudien als auch eigene bittere Erfahrungen zusammengefaßt hat.

Statt der alten Klosterregel: »Bete und arbeite!« also »Bete und ringe!« Über den Akt des Betens etwas auszusagen steht mir nicht zu, aber zum Akt des Ringens möchte ich einige Beobachtungen niederlegen. Bei den Menschen, die ich während eines solchen existentiellen Ringens begleitet habe, zeigten sich charakteristische Verläufe, die fast an die verschiedenen Sterbephasen gemahnen. Es war nie ein Ringen um einen Wundverschluß. Es war immer ein Ringen um ein Gnädig-sein-Dürfen dem Wundverursacher oder anderen in seinem Sog gegenüber. Und es war ein quälend langes Verlieren angesichts der sich im Geist stets wiederholenden »Schachtel-Struktur«. Verdrängung, Aggression, Depression und Regression zischten im Umschmiedeprozeß wie Wassertropfen im Feuer, gewannen da und dort die Oberhand und zerstäubten wieder. Haß brach glühendrot durch und verschmorte alles ringsum. Allmählich wurde der Abgrund tiefster Verzweiflung erreicht, der Moment, in dem das Menschsein auf der Kippe stand und das Viehsein bereits praktiziert wurde. Dann kam die Umkehr. Sie war jedesmal faszinierend für einen Begleiter wie mich. Phönix erhob sich aus der Asche, breitete seine Schwingen aus, und das Vieh war wieder Mensch, ganz und gar Mensch, ein *neuer Mensch*. Das Gnädig-sein-Dürfen war erreicht, der Haß war tot, die Wunde geschlossen. Hatte ich dazu beigetragen? Etwa mit den Methoden der Psychologie? Nein, so vermessen bin ich nicht. In meinem Beruf lernt man Demut.

Die nachfolgende zeitgenössische französische Erzählung von *Marcel Arland*[42] entfaltet einen derartigen Prozeß des Ringens um ein Gnädig-sein-Dürfen beim Kriegsheimkehrer August. Trotz kleinerer Kürzungen ist die Langatmigkeit der Erzählung beibehalten worden als Symbol für die quälende Länge des dargestellten Prozesses. Augusts Frau hatte während der Kriegsabwesenheit ihres Mannes ein sexuelles Abenteuer mit einem Seminaristen, aus dem ihr Sohn Paul hervorgegangen ist, das von August verächtlich so genannte »Pfarrerssöhnchen«. Wer oder was die Leidkette ins Rollen gebracht hat, bleibt auch hier gleichgültig. Die Unbeherrschtheit eines Seminaristen, die Nachgiebigkeit einer einsamen Frau, die Epoche eines politischen Wahnsinns? Was zählt das schon? August läßt die Kette weiterklirren, Abend für Abend, Frau und Kind mit sich in den Strudel der Verzweiflung reißend. Und das zählt. Menschsein steht auf der Kippe...

Was dann geschieht, geschieht nicht nur in Erzählungen. Es geschieht auch im echten Leben. Sollte sich der Leser in der Figur des schmerzkranken August wiederfinden – egal, worin seine seelischen Verwundungen bestehen! –, möge er wissen, daß er sich genauso umschmieden und seinem Leben rehumanisierte Form und Gestalt verleihen kann, wie es August schließlich noch gelungen ist – im letzten Moment, dem gleichzeitig kostbarsten Moment für sein »Pfarrerssöhnchen«. Sollte sich der Leser nicht in der Figur des August wiederfinden, möge er sich jedweden Urteils enthalten, denn keiner von uns kann unter dem Einfluß höchster Pein für sich selbst garantieren.

Es war nicht so sehr der Friedhof... Man gewöhnt sich an alles: an die Toten ebenso wie an alles übrige. Ja, im Winter, wenn man nach Dunkelwerden aus der Schule kam, die Kameraden vor ihren Haustüren zurückließ, aus dem Dorf hinausgehen, allein über die kalten Felder marschieren und erst den Friedhof mit seinen Akaziengebüschen hinter sich bringen mußte, um endlich im Ausguß-Fenster hinter dem roten Vorhang ein Licht zu ahnen – da schien die Straße lang, und es mochte schon vorkommen, daß einem die Angst in die Beine fuhr. Vielleicht auch, wenn man nicht einschlafen konnte oder im Finstern aufwachte und so in der Nähe all die Toten in ihren Gräbern spürte und irgend etwas herbeiwünschte, selbst Weinen oder Schläge, nur nicht diese Stille... Aber am Tage dachte man kaum mehr daran; da hatte diese Nachbarschaft sogar ihr Gutes: vor allem die Ungestörtheit – nur manchmal kam eine Frau und bat um etwas Wasser für die Blumen ihrer Toten. Und dann die Gräber selber, so verschieden, jedes ganz anders mit den Kreuzen aus Marmor, Holz oder Gußeisen, mit den Inschriften, den Kränzen, dem kleinen Beet oder in gänzlicher Verwahrlosung. Auch der Geruch, den der Friedhof nach Allerheiligen ausströmte und der sich tief im Herzen einen wie für ihn geschaffenen Platz suchte... Nein, wirklich, die Nachbarschaft war nicht das Schlimmste.

Auch nicht die Auftritte, die es nachts zwischen den Eltern gab, wenn Paul in seiner Mansarde sich unter den Dekken verkroch, sich die Ohren zuhielt und mit zusammengebissenen Zähnen vor sich hin sang, um nichts zu hören. Aber wie sollte er sie nicht hören, diese Beschimpfungen, diese Beleidigungen, diesen Lärm von einem Teller oder einem Stuhl? »Du hast nichts anbrennen lassen, du Schlampe, und ich saß in Deutschland im Lager und wäre beinahe krepiert! Wie hat er es denn gemacht, dein Pfarrer, sag schon?« – »Laß mich, August, laß mich. Ich hab dir doch alles gesagt!« – »Dann sag es noch mal. Außerdem ist es nicht wahr, daß du mir alles gesagt hast. Hat er seine Soutane anbehalten, dein Pfarrer? Los, antworte schon, oder ich schlag zu.« Und manchmal schlug der Vater wirklich zu; dann hörte man einen Schrei oder ein Stöhnen. In manchen Nächten war es aber auch so still, daß sich Paul zitternd fragte, ob sie wohl gestorben seien, und beim ersten Wort, bei der ersten Klage vor Glück lachte. Weil es zwar wieder ein Auftritt war, ein Auftritt unter so vielen bei Nacht und bei Tag, aber Gott sei Dank doch nicht *der* Auftritt.

Selbst am Sonntagabend, wenn Lise und ihr Sohn auf Augusts Heimkehr warteten, wenn sie genau wußten, daß *er von einer Kneipe zur anderen zog, war es doch ein Warten, fast ein Hoffen. Die Angst kam erst mit der Dunkelheit. Paul wagte nicht, sich zu bewegen; die Lettern in seinem Buch verschwammen, und verstohlen blickte er nach seiner Mutter, die still dasaß und die Hände vor den eingefallenen Leib hielt. Wie sie sich verändert hatte! Das aschgraue Gesicht, die gleichgültigen Züge, das beschwerliche Atmen, und unter dem ewig gleichen, längst verblichenen Morgenrock der unförmige, kränkliche Körper: eine Frau, die sich gehenläßt, weil sie vom Leben nichts mehr erwartet. Aber man kann nichts mehr erwarten und doch Angst haben... Ein Schlurfen von Schritten auf der Straße: das ist er, nach neun Uhr, er stößt die Türe auf, er ist betrunken.*

August machte zunächst einen nur um so ruhigeren Eindruck, weil er getrunken hatte. Nachdem er die Tür geschlossen hatte, lehnte er sich gegen die Wand, blieb lange so stehen und betrachtete die Frau und das Kind. Nur von Zeit zu Zeit wackelte er böse lächelnd mit dem Kopf. Dann gab er sich einen Ruck, ging zum Kamin und setzte sich auf den Rohrsessel. Der *Auftritt begann.*

»Frau«, sagte er nicht ohne Würde, »du siehst vor dir den König der betrogenen Ehemänner.« Lise hatte längst gelernt, daß Worte nichts nützten, sondern höchstens die Wut des Mannes erst entfesselten. Und Paul wußte nur zu gut, daß er an die Reihe kommen würde, selbst wenn er sich in eine Ecke des Raumes verkroch oder in seine Mansarde flüchtete.

»Frau«, fuhr August fort, »bring mir die Krone.« Ergeben machte Lise den Schrank auf. Sie schien zu zögern, aber ein Zungenschnalzen erinnerte sie an das Zeremoniell. Sie nahm also den Gegenstand und brachte ihn mit

niedergeschlagenen Augen zu August, der ihn prüfend betrachtete und endlich erklärte: »Das ist sie.«

Um dann mit majestätischer Herablassung hinzuzufügen: »Komm, meine Schöne. Kröne den König.« Und Lise setzte den Gegenstand auf den kleinen Duckmäuserkopf ihres Mannes. Dann zog sie sich wieder auf ihren Platz im Dunkeln zurück. Da erst thronte August wirklich, das Gesicht von der Hängelampe beschienen, eine Hand auf jeder Sessellehne und über seiner kahlen Stirn die seltsame Krone: ein Weißblechstreifen, an dem zwei Kuhhörner befestigt waren.

August thronte. Hinter ihm reckte sich der Schatten seiner Hörner auf dem Rauchfang des Kamins drohend zur Decke. Mit verkrampften Fäusten und trockener Kehle saß Paul da und war überzeugt, daß man sein Herz schlagen hören könne. Lise... Die hatte schon lange gelernt zu schweigen, sie, die schuldig gewordene Frau, sie, die Frau, deren junger Liebhaber (der Seminarist, der seiner Berufung so wenig sicher war, der linkische und wilde Junge, den sie nicht hatte bändigen können) fern von ihr in einem Wald im Elsaß bei Kriegsende gefallen war. – Mit dem Schweigen verglichen, das jetzt im Zimmer entstand, war das Schweigen der Gräber nur ein Schlaf.

Aber es konnte noch schlimmer kommen. Dann nämlich, wenn August seinen Ruhm und sein Unglück lange bedacht hatte, wieder zu sich kam und das Kind heranrief. Paul mußte aufstehen, nähertreten – noch einen Schritt – und den haßerfüllten Blick spüren, die Stimme hören, die mal leise, mal wütend laut immer wiederholte: »Pfarrerssöhnchen!« Das übrige... Ach, das übrige, die Schläge, das Gerenne, das Geschrei, das hatte nichts zu bedeuten.

Aber eines Abends, als August, auf dem Thron sitzend, die Krone auf dem Kopf, seinen Sohn heranzitiert hatte, an einem Abend im März, da – was ist in ihn gefahren? Hat er zuviel getrunken, zuwenig? – da steht er auf, reißt die Krone herunter und schleudert sie unter den Schrank; da bleibt er unter dem verstörten Blick der Mutter starr vor Paul stehen und sagt, indem er das Kind bei der Hand faßt: »Komm. Komm mit. Komm nach draußen.«

Draußen war es Nacht. Paul packte der Schrecken. Wohin führte er ihn, und warum? Paul fühlte, wie sich seine Finger in der schwieligen Hand des Mannes zusammenkrampften. Von Zeit zu Zeit sagte August wieder: »Komm.« Mit einer Stimme, die vielleicht nicht drohend wirkte, aber sonderbar, gepreßt, mit einer Stimme, die Paul noch nicht gehört hatte. Sie gingen um das Akaziengebüsch herum und betraten den kleinen Weg zum Friedhof. »Soll er mich doch schlagen«, dachte das Kind, »soll er mich doch umbringen, damit Schluß ist.« Sie gelangten an das gußeiserne Gitter, das immer halb offen stand. Dort setzte sich August auf einen der beiden Ecksteine am Eingang. Dann sah er den Jungen an und hieß ihn nähertreten: »Komm.« Noch näher, zwischen seine Beine sollte er sich stellen. Die zwei Hände des Mannes lagen auf den schmalen Schultern, aber sie drückten nicht. Und der Blick, den Paul auf sich ruhen fühlte, schien nicht einmal fragend zu sein. Lange dauerte das; man hörte einen Nachtvogel rufen und dann vom Dorf her einen anderen antworten.

»Kleiner Pfarrer«, murmelte August schließlich. Und diesmal, nein, man konnte nicht sagen, daß die geringste Gehässigkeit in der Stimme des Mannes lag. Alles: Scham, Reue, Verwirrung, auch eine unbestimmte Klage. Aber

keine Gehässigkeit. Wie soll man noch daran zweifeln, wenn der Vater einen auf die Knie hinaufzieht, eine Hand nach dem Kopf des Kindes ausstreckt, die er gleich wieder wegnimmt, als gäbe es auf der ganzen Welt nichts, was wertvoller wäre, und dann plötzlich inbrünstig flüstert, indem er Paul an sich drückt: »Mein kleiner Pfarrer.«

Zuerst hat Paul vielleicht geglaubt, daß diese Bewegungen und diese Worte nur eine wunderliche Wendung der Trunkenheit seien. Aber August ist kein Betrunkener an diesem Abend. Er ist, das spürt man genau, ein Mann vor einem Kind; ein Mann, der ein Vater sein möchte; wenn er es nicht ist, kann doch das Kind nichts dafür. Ein Mann und ein Kind, die nicht glücklich sind und es gern sein möchten.

Die Nacht ist nicht so dunkel, wie es erst schien, eher bläulich, und über den Ginsterbergen drüben kündet eine milchige Helligkeit den Mond an. Das Volk in den Gräbern hinter ihnen scheint nichts Böses im Sinn zu haben. Ein bißchen kalt ist es, aber das macht nichts: einer gegen den anderen gedrückt, wird einem warm wie noch nie. Und wenn der Käuzchenruf noch einmal ertönt, ganz nah sogar, kann man nur darüber lachen.

Das alles war schön, so schön, daß Paul noch viel später als Mann an diesen Augenblick dachte – vielleicht nicht als an den schönsten Augenblick seines Lebens, aber gewiß als an den kostbarsten.

Ein Zwiegespräch an der Krippe

Wir haben Frieden definiert als den »guten Willen«, empfangenes Leid nicht zu perpetuieren, was praktisch zweierlei erfordert: erstens, es nicht an Unschuldigen auszulassen, und zweitens, sich den Schuldigen gegenüber zur Vergebung durchzuringen. Schaffen wir Menschen das aus eigener Kraft? Nun, möglicherweise brauchen wir das gar nicht, und es genügt unser »guter Wille« dazu, ist doch allen Menschen auf Erden, die guten Willens sind, von höchster Instanz Friede versprochen.

Eine andere Frage ist es, ob die Psychotherapie als Heilkunde solch »guten Willen« fördert und zutage hcbt. Ein Beispiel: In einer der größten Nervenkliniken Deutschlands wurde eine Sonderstation für Frauen eingerichtet, denen von Männern Gewalt angetan worden ist. Die Frauen bleiben zwei Jahre auf dieser Station und müssen während dieser Zeit sämtliche zusätzlichen Greuel aus ihrer Kindheit in Weinkrämpfen nachbearbeiten. Dabei sind sie vor jedem Kontakt mit einem Mann abgeschirmt, selbst der Klinik-Chefarzt darf ihre Station nicht betreten. Es könnte sie seelisch aufregen und aufwühlen, wieder einem Mann zu begegnen, so wird argumentiert.

Ich halte das für unverantwortbar. Nicht, daß ich den Schock, den eine Gewalttat bei einem Menschen hinterläßt, unterschätzen würde. Aber ich unterschätze auch nicht die Destruktivität des Kollektivismus; und vom negativen Verhalten einiger Männer auf *alle* Männer zu schließen, bzw. die Mißtrauens- oder Wutgefühle gegen einige Männer auf *alle* Männer zu übertragen, ist reiner Kollektivismus. Hier wird an Unschuldigen ausgelassen, was andere verbrochen haben (das »Pfarrerssöhnchen« läßt grüßen...). Weswegen dringend geboten wäre, im Heilungsplan der Frauen oben genannter Station eine Schärfung ihrer Differenzierungsfähigkeit miteinzuplanen, auf daß sie unterscheiden lernen, wer ihnen etwas angetan hat und wer nicht, wem berechtigterweise Abwehrbewegungen entgegengebracht werden und wem nicht. Dazu aber ist es notwendig, daß sie unverkrampften Umgang mit Männern haben, zumal sie ja auch nach ihrer Klinikentlassung nicht lebenslang in weiten Bögen um das andere Geschlecht herumschleichen können und sollen.

Sobald die Regeneration der Patientinnen so weit gediehen wäre, daß sie an ihrem Unglück unbeteiligten Männern ohne Vorbehalte zu begegnen imstande sind, wäre das therapeutische Hauptprogramm an der Reihe, das meines Erachtens nicht mit der Reaktivierung irgendwelcher Kindheitsgreuel zu spicken wäre, sondern mit der Hoffnung, die erlittenen Gewaltakte, um die es geht, geistig-seelisch hinter sich zu lassen. Was hieße, ihnen nicht mehr die Macht einzuräumen, durch die Gegenwart der Frauen zu spuken und deren Zukunft mit Angst zu verschatten. Da aber nur Abgeschlossenes wirklich ad acta gelegt werden kann und da fremde Schuld unruhestiftend ist, bis sie nicht anders als durch Vergebung ein für allemal abgeschlossen wird, bestünde die wichtigste Arbeit mit den Patientinnen darin, sie sanft durch ihre Wut und Trauer hindurch in die Vergebung hineinzulotsen.

Auch dazu ein Beispiel: Eine meiner Patientinnen ist als 8jähriges Mädchen vergewaltigt worden. Sie hat nie mit jemandem darüber gesprochen; damals nicht mit ihrer Mutter, weil sie sich ihrer blutigen Unterwäsche geschämt und gedacht hat, ihre Mutter würde mit ihr schimpfen; und später schon gar nicht mehr. Sie hat sich zu einem lebenstüchtigen, gebildeten Menschen entwickelt, trug aber nach 40 Jahren das Erfahrene immer noch mit sich herum, bis sie es mir im Gespräch anvertraute. Ihr lang verhaltener Zorn wallte hoch. Welch verabscheuenswürdiger Mann, und sie hatte in ihrer Gehemmtheit als Kind verhindert, daß er angezeigt worden war!

Nun war ich an nachträglichen Weinkrämpfen von ihr nicht interessiert. Gleichwohl wußte ich, daß diese alte Angelegenheit abgeschlossen und beendet werden mußte, und zwar *konstruktiv*. Deshalb sagte ich zu ihr, daß sie sich mit ihrem Vergewaltiger offen aussprechen und auseinandersetzen müsse. Sie glaubte nicht recht zu hören, denn selbstverständlich kannte sie den Mann von vor vierzig Jahren nicht; auch mochte er gar nicht mehr am Leben sein. Dessen ungeachtet erklärte ich ihr, daß sie sich auch in ihrer Vorstellung mit ihm treffen und innere Zwiesprache halten könne und daß es »für die Ewigkeit« genauso sein würde, als sei sie ihm noch einmal leiblich begegnet. Sie solle sich einen stillen, abgeschiedenen

Ort für das imaginäre Rendezvous aussuchen und den Mann dort *auf sich zukommen lassen*, als sei er leibhaftig anwesend. Ferner gab ich ihr ein paar gedankliche Stützen aus der Logotherapie für den Dialogverlauf mit.

Einige Wochen später erschien die Patientin wieder zur Beratung, heiter und gelöst. Sie berichtete mir, sie sei an einem regnerischen Tag an einem Flußufer entlangspaziert, weit und breit allein. Da habe sie meinen Rat befolgt und beschlossen, sich in ihrer Phantasie ihrem einstigen Vergewaltiger zu stellen. Wie in einem Wachtraum sei er daraufhin auf sie zugeschritten, mit dem gleichen schwarzen Haar, an das sie sich noch erinnern konnte. Sie seien beide stumm voreinander stehengeblieben und schließlich gemeinsam am Flußufer weitergegangen. Da habe sie zu reden begonnen und ihm erzählt, welche Schmerzen, Ängste und Schamgefühle sie seinetwegen als Kind durchgemacht und wie sie alles aus Unverständnis verschwiegen hatte. Wie es sie jahrelang belastet hatte. Er habe zugehört, ohne sich zu verteidigen.

Nach einer Weile sei sie ruhiger geworden, und mit der Zeit sogar ein bißchen neugierig auf ihn. »Jetzt sag mir, wer du bist«, habe sie ihn aufgefordert. »Wie bist du aufgewachsen, wie auf die schiefe Bahn geraten?« Er habe ihr leise geantwortet, daß er in einem Kinderheim groß geworden sei, immer unter gleichaltrigen Jungen, daß er sich später nicht an Frauen herangewagt habe und unter dem erwachenden Trieb und in seiner Scheu angefangen habe, kleinen Mädchen aufzulauern. Sie sei nicht die einzige gewesen.

Mit der Zeit habe er diese schreckliche Phase überwunden und geheiratet; seither sei nichts Abartiges mehr vorgefallen. Aber er verstehe sehr wohl, was das Verschweigen des Vorfalls für sie bedeutet haben müsse, denn auch er habe ein Leben lang geschwiegen und seine Schuld tief in seiner Brust vergraben. Jeder, seine Freunde, seine Frau auch, hätte ihn ja zutiefst verachtet, wenn er sich zu seinen Vergehen bekannt hätte...

Während die Patientin ihm – immer noch in ihrer Vorstellung – lauschte, entwichen allmählich ihre negativen Gefühle. Sie schaute in den Fluß, und ihr war, als ob dieser ihren Zorn hinwegschwemme. Plötzlich hielt ihr Begleiter an, wandte sich ihr zu und kniete wortlos vor ihr nieder. Da beugte sie den Kopf zu ihm hinunter und sagte spontan: »Du armer Mann!« Dann ging sie, ohne sich umzudrehen, weiter auf ihrem Weg, und der kniende Mann blieb hinter ihr zurück, wurde kleiner und kleiner und verschwand.

Die Patientin war geheilt.

Dies sei all jenen empfohlen, die meinen, ihren Schuldigern nicht vergeben zu können. Sie mögen bedenken: sie schleppen nicht nur den Groll über die fremde Schuld mit sich herum, sie stehen auch mit ihrem eigenen Versagen und Vergehen hilflos da. Denn wie könnte jemand, der nicht vergibt, darauf bauen, daß ihm dereinst vergeben wird? Doch vielleicht ist es das Wesen der Gnade, umgekehrt, »gegen den Uhrzeigersinn« zu wirken, indem jeder, der wider alle Vernunft darauf baut, daß ihm vergeben wird, endlich selber vergeben kann?

Die nachfolgende *Weihnachtsgeschichte von einem unbekannten Autor* symbolisiert diese letzte und höchste Heilungsmöglichkeit auf kindlich schlichte Art. Dadurch avanciert sie geradezu zu einer »wahren Geschichte« in dem Sinne, den Viktor E. Frankl im Auge hatte, als er fragte[43]: »Ist es nicht so, daß die (asymptotische) Annäherung an das Geheimnis und Rätsel der letzten Wahrheit eher auf dem symbolischen Wege als auf einem bloß abstrakten etwas hergibt? Konrad Lorenz – jawohl, Konrad Lorenz! – war es, der im Rahmen eines Fernseh-Interviews wörtlich sagte: ›Wenn Sie global den Wahrheitsgehalt einer Weltanschauung betrachten, den Wahrheitsgehalt der Hinterhuberbäuerin in Grünau und den Wahrheitsgehalt der Weltanschauung von B. F. Skinner, so kommen Sie darauf, daß die Bäuerin, die an die unbefleckte Empfängnis Mariens und an den lieben Gott und alle Heiligen glaubt, der Wahrheit näher ist als der Behaviorist.[44]‹«

Werden wir deswegen wie die Kinder, und lassen wir uns berühren von einer Geschichte, die wahrer sein könnte als alle vorangegangenen.

... mit den Hirten betrat ich den Stall und schaute mich um. Ich sah die Tiere, Maria und Josef und die Krippe. Ich schaute das Kind an, und das Kind schaute mich an. Plötzlich bekam ich einen Schreck, und Tränen traten mir in die Augen. »Warum weinst du?« fragte das Jesuskind. »Weil ich dir nichts mitgebracht habe!«

»Ich möchte aber gern etwas von dir bekommen«, sagte das Jesuskind. Da wurde ich rot vor Freude. »Ich will dir

alles schenken, was ich habe«, entgegnete ich. »Drei Dinge möchte ich gern von dir«, sagte das Jesuskind. Ich fiel ihm gleich ins Wort. »Meinen neuen Mantel, mein Fahrrad und mein spannendes Buch?« »Nein«, erwiderte das Jesuskind, »das alles brauche ich nicht. Dazu bin ich nicht auf die Erde gekommen. Ich möchte etwas ganz anderes von dir haben.«

Ich überlegte. »Was denn?« fragte ich unsicher. »Schenk mir deinen letzten Aufsatz«, sagte das Kind leise, damit es niemand hören konnte. Ich erschrak. »Jesus«, stotterte ich und kam ganz nah an die Krippe heran, »da hat doch der Lehrer ›nicht genügend‹ darunter geschrieben.« »Eben deshalb möchte ich ihn haben.« »Aber warum denn?« fragte ich. »Du sollst mir immer das bringen, wo ›nicht genügend‹ darunter steht. Versprichst du mir das?« »Ja, sehr gern«, antwortete ich.

»Ich möchte noch ein zweites Geschenk von dir«, sagte das Jesuskind. Hilflos guckte ich umher. »Deinen Trinkbecher«, fuhr das Kind fort. »Aber den habe ich heute morgen zerbrochen«, entgegnete ich. »Du sollst mir immer das bringen, was du in deinem Leben zerbrochen hast. Ich will es wieder heil machen. Gibst du mir auch das?« »Das ist schwer. Aber wenn du mir dabei hilfst!«

»Nun mein dritter Wunsch«, sagte das Jesuskind. »Bring mir die Antwort, die du deiner Mutter gegeben hast, als sie fragte, wie denn der Becher kaputtgegangen sei.« Da legte ich die Stirn auf die Kante der Krippe und weinte. »Ich, ich, ich...«, brachte ich unter Schluchzen heraus, »in Wahrheit habe ich den Becher nicht umgestoßen, sondern ihn absichtlich auf den Boden geworfen, weil ich wütend war auf meine Mutter.« »Ja«, sagte das Kind da, »bring mir immer alle deine Lügen, deinen Trotz, deine Enttäu-

schung, deinen Ärger, dein Böses, was du getan hast. Ich will dich annehmen und dir vergeben. Ich will dich an deiner Hand nehmen und dich führen.«

Und ich schaute, hörte und staunte…

Laudatio zum 90. Geburtstag von Viktor E. Frankl am 26. März 1995

(von Stefanie Rebensteiner-Zips)

»... trotzdem Ja zum Leben sagen. Ein Psychologe erlebt das KZ« – dieses Werk von Prof. DDr. Viktor E. Frankl, des Begründers der Logotherapie und Existenzanalyse, ... ich möchte es ein Jahrhundertwerk nennen! Gibt es doch Zeugnis von dem in diesem Jahrhundert veruntreuten Menschen, vom veruntreuten Menschsein. Es zeigt aber auch den Weg zur Auferstehung, als Keimzelle und Quell, aus dem Frankls Lebenswerk hervorging, das unzähligen Menschen weltweit zum Heile wurde und noch werden möge.

Vor neunzig Jahren kam Frankl in Wien das erstemal zur Welt, vor fünfzig Jahren zum zweiten Mal, um in seinem Leben und Leiden den Sinn seines Daseins zu verwirklichen. Was das Jahrhundert für ihn getan oder versäumt hat, er hat wohl nie danach gefragt. Es lag ihm zeitlebens am Herzen, was er tun könne, um dem Leben Rede und Antwort zu stehen und den »Sinn des Augenblicks« zu erfüllen.

Und was waren das für Augenblicke, denen er Antwort geben mußte! Wir sind Kinder dieses 20. Jahrhunderts, das so vielversprechend am Horizont heraufgestiegen ist. Große Männer läuteten die Zeit ein: z. B. Sigmund Freud, der Begründer der Psychoanalyse, oder die russischen Dichter Tolstoi und Dostojewski, deren Werke uns den Atem anhalten ließen in Begeisterung und Aufopferungswillen. Wien stand im Zentrum kulturellen Schaffens.

Der Erste Weltkrieg (1914–1918) brachte den Zusammenbruch des österreichischen Weltreichs. Frankl entwuchs dem österreichischen Kulturkreis in Wien, wohin sein Vater, aus Südmähren kommend, vor der Jahrhundertwende zugewandert war. Auch ich entstamme dieser südmährischen Gegend, wo wir als Kinder in Nachbardörfern, allerdings einander unbekannt, von unseren Großeltern in den großen Ferien während der Hungerszeit im Ersten Weltkrieg durchgefüttert worden sind.

Nach diesem grausamen Kriegsgeschehen hieß es nach dem Zerfall der Monarchie im Jahre 1918: nie wieder Krieg!

Frankls ganzes Dasein ist von früher Kindheit an gezeichnet von der Suche nach dem Sinn des Lebens, des Leidens, des Todes…

Schon im Realgymnasium begehrte er auf gegen Reduktionismus und Nihilismus, die das Menschsein auf einen rein organischen Ablauf reduzieren. Werfels Romane, Tolstois »Lebensbeichte« und sein Roman »Auferstehung« sowie Dostojewskis psychologisch durchlebtes »Jahrhundertwerk« hinterließen tiefe Spuren in Frankls Dasein. Tolstois Roman »Auferstehung« zum Beispiel sah er in einem Film und fragte sich: »Wer hat die Chance, zu solch menschlicher Größe emporzuwachsen? Das ist doch nur den Großen vorbehalten –?«[45]

Noch hatte er die Möglichkeit, als Arzt und Psychologe in den 30er Jahren an seinen Patienten Erfahrungen zu sammeln, und schon verdichteten sie sich zum ersten Entwurf eines Buches über »Ärztliche Seelsorge«. Im Blickpunkt stand immer der leidende Mensch. Die einen vermochten es, die ihnen vom Leben auferlegten Belastungen zu bewältigen, die anderen brachen unter annähernd gleichen Bedingungen zusammen und endeten nicht selten mit Selbstmord. Warum? Frankl hinterfragte die Einstellung des Menschen zum jeweiligen Schicksal. Die Frage nach dem Sinn...

Das Wetterleuchten am politischen Himmel hatte sich inzwischen zu unheilverkündendem, bedrohlichem Geschehen zusammengeballt. Schutzsuchend hatten sich die in Deutschland verfolgten Juden nach Böhmen und Österreich geflüchtet. Aber die apokalyptischen Reiter machten weder vor den Landen des alten Österreichs halt, noch verschonten sie die letzte Bastion Prag. Es gab in ganz Europa keine Zufluchtsstätte mehr.

Noch arbeitete Frankl als Arzt am Rothschild-Sanatorium in Wien. Ein vorläufiger Aufschub für ihn und seine Angehörigen vor dem Abtransport in ein Konzentrationslager. Die erste Anlaufstelle war für alle Theresienstadt nördlich von Prag. Wir durchlebten mit all unseren jüdischen Freunden in Prag und unseren auch sehr aufopferungsvollen tschechischen Helfern eine gespenstische Zeit hilflosen Ausgeliefertseins.

Auch Frankl hatte für sich von Freunden im Ausland ein Affidavit zur Ausreise. Er zögerte. Dem Schicksal wollte er nicht ins Handwerk pfuschen. Liebe und Verantwortung für die alten Eltern, für den Bruder und ein hebräisches Schriftzeichen auf dem Bruchstück einer Inschriftentafel aus einer niedergebrannten Synagoge, das sein Vater gefunden hatte – worauf ein Buchstabe auf das 4. Gebot hinwies –, bewogen ihn zu bleiben. Seine Ausreisemöglichkeit verfiel. Er stellte sich dem Schicksal, der Aufgabe, blieb und trat mit den Seinen den Passionsweg an.

Als endlich im Frühjahr 1945 die »Stunde Null« herannaht, die apokalyptischen Reiter ihr grausiges Werk der Vernichtung freilegen und ein Todeslager nach dem anderen seine Tore öffnet, kehrt Frankl nach Wien zurück. Er hofft, erfleht, erwartet vom Schicksal wenigstens einen seiner Lieben. Daß einer wenigstens nach seiner Rückkehr auf ihn warte, für den zu leben es sich wieder lohnen möge. Doch keiner kam. Ja, Einer wartete auf ihn! Der Eine, der über kurz oder lang in einer anderen Dimension uns nach der Sinnerfüllung unseres Daseins fragen wird...

Und dieser Eine stellte den zurückgekehrten Häftling Nr. 119104 und seinen Glauben an den unabdingbaren Sinn des Daseins auf den letzten, schwersten Prüfstein, den es für den vom Mahlstrom des Schicksals an Land Geworfenen noch gab, mit dem Auftrag: »Gib deinem Leiden Sinn!« Nichts blieb ihm als nur dieser Glaube an den Sinn des Lebens, den es zu erspüren gilt und zu erfüllen.

Der Häftling vertauscht seinen armseligen Kittel aus dem Lager mit dem Mantel des Arztes[46] und dient nun fünfzig Jahre schon den Menschen jenes Volkes, das einst die Hoffnungen seines Daseins so erbarmungslos vernichtete. Noch 1945 schreibt Frankl seinen Bericht: »Ein Psychologe erlebt das Konzentrationslager«; ein Jahr später die dramatische Skizze: »Synchronisation in Birkenwald« – ein Buch, mit seinem Herzblut geschrieben, wie er selbst sagt.

Der Häftling Nr. 119104 führt uns zugleich aber auch als Beobachter-Psychologe durch das Lager. Warum? Ohne Anklage, ohne Mitleid erregen zu wollen, ohne Schuldzuweisungen, ohne eine Sensation zu beabsichtigen... Worauf kommt es dem Arzt und Psychiater an? Es geht dabei darum, die Frage zu beantworten, die sich jedem Besucher eines Konzentrationslagers von Auschwitz, Buchenwald oder anderen Lagern stellt! Wie kann ein Mensch das überstehen? Ja – wie kann man trotzdem ja zum Leben sagen?

Frankl hat den Bericht buchstäblich aus sich herausgelitten, um zu erhärten, daß dem Menschen geistige Kräfte innewohnen, die er auch in Situationen äußerster Entmenschlichung noch imstande ist zu mobilisieren. Der Mensch ist fähig, sich innerlich von einem Geschehen zu distanzieren, sich in innerer Schau einem anderen Erleben zuzuwenden und auch aus dem Negativen noch das kleinste Positive herauszufiltern, eben trotzdem ja zum Leben sagen zu können. Das freilich ist nur wenigen gelungen.

Als Nummernhäftling erlebt sich Frankl als Namenlosen, Entrechteten, aller Habe beraubten Arbeitssklaven, der zahllosen Selektionen ausgeliefert ist, in denen der Daumen eines SS-Offiziers über Leben in Fron oder Gas befindet. In der Ankunftsphase – so der psychologische Beobachter – bleibt nur die nackte Existenz, wobei das »nackt« wirklich das totale Nacktsein bedeutete, zu dem sich als erste unerwartete Distanzierung der Versuch eines Galgenhumors meldet.

Der Häftling-Beobachter, wie Frankl sich nennt, ist genau wie alle anderen Streckenarbeiter beim Bahnbau, durchsteht mit den anderen die Tritte, Schläge und Schmähungen und versucht, trotz all der Leiden, die Stadien wahrzunehmen, in die der Mensch verfällt.

Apathie, die nach den ersten Tagen des Schreckens eintritt, ist ein Schutzschild, um zu überleben. Zu Tode gequälte Menschen, die abgrundtiefe Häßlichkeit des Alltagslebens, die Verrohung von entmenschten Befehlsgebern, das nackte Grauen, das alles – so Frankl – hat der Häftling-Zuseher nicht mehr zu empfinden. Die Unempfindlichkeit wird zur notwendigen Panzerschicht.

Körperlicher Schmerz, den Schläge verursachen, ist nicht mehr wesentlich; was bitter weh tut, ist der seelische Schmerz, die Empörung über das Unrecht, trotz fortschreitender Abstumpfung. Das alles begleitet vom Hohn der Henkersknechte. Dazu Hunger, Durst, Mangel an Schlaf und die quälende Ungewißheit um das Schicksal der Angehörigen.

Wie kann ein Mensch das überstehen? Es kann nicht ausbleiben, daß unser Häftling-Beobachter selbst, geschwächt durch schwerste körperliche Arbeit am steinhart gefrorenen Boden, mit wundgescheuerten bloßen Füßen in den eiserstarrten Schuhen, die Zielscheibe des vernichtenden Hasses eines jener »schwarzen Todesengel« wird, wie Frankl in seiner dramatischen Skizze in Birkenwald jene Capos nennt, die Häftlinge aus irgendeinem nichtigen Grund heraus in wenigen Stunden zu Tode schinden.

Frankl hatte seine Berufsehre als Arzt gegenüber den unflätigen, höhnenden Beschimpfungen des Capos verteidigt. Und dieser eine Satz war schon zuviel. Sein Ende scheint besiegelt. Doch standen vierzehn Engel auf der Wacht, die uns an der Wiege bestellt sind. – Ein anderer Capo, dem er in stundenlangen Märschen zum Arbeitsplatz mit einigen Ratschlägen für seinen Ehekonflikt geholfen hatte, versetzte ihn in ein anderes Arbeitskommando und rettete sein Leben.

Charakteristisch war die Entwertung all dessen, was nicht dem primitivsten Alltag galt. Es herrschte »kultureller Winterschlaf«, so Frankl. Begreiflich hohes Interesse galt politischen Geschehen: das Kriegsende bedeutete »Erlösung«, Lebensrettung. Doch noch etwas anderes keimte empor aus tiefster Not, das denkbar Innigste, dessen sie fähig wurden oder aber vereinzelt geblieben waren: das Religiöse! Und nicht ohne innere Erschütterung wurde so mancher in sich gewahr, daß er an Einen rückgebunden ist, bei dem er noch immer Zuflucht findet.

Frankl spricht von Gottesdiensten in einer Ecke der verkommenen Lagerbaracke, von improvisierten, aus tiefster Not aufsteigenden Gebeten, die zu dem erschütterndsten Lagergeschehen zählen und denen immer wieder Kraft zum Durchhalten entwuchs. Das ist jener Halt, der tief im Innersten lebt und wacht, diese geheime Verbundenheit mit dem Einen.

Auch wenn wir unseren Lebensweg nach eigenwilligen Gesetzen zu formen trachten und unsere Rückverbundenheit zum Daseinsursprung verschüttet ist, ein Funke nur auf dem Grund der Asche weiterglimmt, so kommt der Tag, da dieser Funke Feuer fängt. Der Mensch in abgrundtiefer Not sucht, was ihn noch halten könnte – und das ist Der nur, der ihn immer schon getragen hat: der »unbewußte Gott«, dem Frankls späteres Werk gewidmet ist.

Aus dieser Kraftquelle erwacht die Sehnsucht nach einem Augenblick des Alleinsein-Dürfens, um sich in ein Reich innerer Schau zu flüchten, »wenn einem nichts mehr bleibt«. Dieses innere Freisein in einem Reich geistiger Freiheit, wohin nichts Zutritt hat als nur die innere Schau, war robusteren Naturen meist nicht zugänglich, doch half es manch einem, der mit inneren Werten mehr vertraut war, mit seinem Elend umzugehen.

Der Winter 1944/45 war eine bitterkalte Zeit; 20–25 Grad unter Null, die Front schob sich an Deutschlands Grenzen heran. Bis zu der Zeit hatten nur die Nachbarländer schwerst gelitten.

Die Häftlinge, zu einer Arbeit hinausgetrieben in den Schneesturm, klammerten sich aneinander, dahinstolpernd – da blieb nichts mehr zu sagen. Es dachte jeder für sich an seine Frau. In so gesegneten Momenten – so der Häftling Frankl –, da die letzten Sterne am frühen Himmel blinken und sich am Wolkenrand ein bitterkalter Morgen ankündigt, da ist der gequälte Mensch noch fähig, in sich das geliebte Wesen zu erschauen, die Wahrheit zu durchfühlen, daß nur die Liebe, und nur sie allein, das Dasein trägt. Daß Liebe irgendwie das Höchste, Letzte sei, das unser Leben hält, erfüllt, durchwirkt, daß dieses Hingegebensein an einen andern in Augenblicken äußerster Bedrängnis der Bronnen ist, dem die Kraft entquillt, die Leiden aufrecht durchzustehen – in liebendem Erschauen ... und dem Häftling fällt plötzlich auf, daß er ja gar nicht weiß, ob das geliebte Geschöpf noch lebt. Diese innere Verbundenheit mit dem geliebten Wesen läuft auf einer Ebene ab, die mit dem irdischen Sein nicht mehr vernetzt ist. Die geistige Zwiesprache trägt ihn weit weg, er bedarf auch nicht mehr zu wissen, ob seine Frau noch lebt.

Hier kommt im Menschen eine Dimension zum Tragen, die weit über Körper und Seele ins Metaphysische hineingreift und es dem Leidenden ermöglicht, sich von irdischer Realität zu distanzieren, sich einzustellen, zu transzendieren in ein höheres Sein. Das ist »Auferstehen«! Und dieser »Auferstehung«, die Frankl in Tolstois Werk erahnt haben mag, dieser »Auferstehung« zu dem Eigentlichen wohnen Kräfte der Erlösung und des Überlebens inne..., »das Unbegreifliche, hier ist's getan« (aus Goethes Faust), »die Liebe aber ist die größte« (1. Korinther 13) ... Ist das der Sinn des Leidens, daß der Mensch erst in der tiefsten Not zur Auferstehung reift?

»Das Schicksal – ein Geschenk?« So Frankls Frage!

Die junge Frau, die er in einer Baracke knapp vor ihrem Tode sprach, war dankbar für diese Verinnerlichung, die ihr in ihrem bürgerlichen Leben nie möglich geworden wäre. In ihren letzten Tagen war sie sich bewußt geworden: zwei Kastanienblüten, die sie durch eine trübe Fensterluke wahrnehmen konnte, gaben ihr Antwort im Sterben: »Ich bin das Leben, das ewige Leben.«

Die Deformierung der inneren Lebenswirklichkeit des Menschen im Konzentrationslager lag – so Frankl – nicht in all dem, was der Mensch körperlich und seelisch ertragen mußte, sondern darin, daß sich der Mensch selbst fallen ließ, also keinen inneren Halt mehr besaß, daß ihm das Vertrauen zu sich selbst, zu Einem, der über uns waltet, mangelte. Die meisten waren überzeugt, alle Möglichkeiten der Verwirklichung seien nun dahin. In Wirklichkeit bestanden diese aber darin, was einer daraus machte.

Der Häftling ist dankbar, wenn ihm die kleinsten Schrecken erspart bleiben. Wenn es zum Beispiel keinen Fliegeralarm gibt, dann war das ein Glück im negativen Sinne (nach Schopenhauer). Schon mehr Glück waren einige Erbsen in der Wassersuppe, die es einmal am Tag gab, oder eine halbe Kartoffel von unten. Wie zufrieden, ja glücklich sind die Häftlinge, wenn sie für einen Tag in der Erholungsbaracke krank geschrieben sind. Die Suppenration ist zwar kleiner, aber man muß nicht hinaus in die Kälte und in die Fron.

Keiner der Häftlinge hatte einen Entlassungstermin, es herrschte also »unbegrenzte« Haftdauer – Ungewißheit ohne Ende! Der Mensch ist aber ein Wesen, das auf die Zukunft hin existiert, auf ein Ziel. Das war ihm genommen, er war fast schon ein Verstorbener.

Diese Entwertung zehrt den Menschen auf. Instinktiv versuchte der eine oder andere, sich auf ein Ziel hin auszurichten. Frankl nimmt zu diesem Blick in die Zukunft in den schwierigsten Augenblicken Stellung: Sie warten auf mich! Er erzählt: Fast weinend vor Schmerzen, die Füße in offenen Schuhen im grimmigen Frost, verzweifelnd an den tausendfältigen Problemen des armseligen Lagerdaseins, angeekelt von dem grausamen Zwang, gebraucht er einen Trick! Er sieht sich am Rednerpult eines erleuchteten Saales stehen und referiert über das, was ihn als Häftling quält und bedrückt – ein Vorblick auf die Zukunft –, und damit gelingt es ihm, sich über das augenblickliche Leid zu stellen, als ob es schon vergangen wäre. So half er sich! Aber wie den anderen?

Sie auf ein Ziel in der Zukunft hin auszurichten nach Nietzsches Worten: »Wer ein Warum zu leben hat, erträgt fast jedes Wie« ... Wehe dem, der keinen Lebensinhalt mehr vor sich sah. »Ich hab' vom Leben nichts mehr zu erwarten«, diese Worte sind uns auch außerhalb des Konzentrationslagers nur zu bekannt. Doch es geht ja nicht darum, was du noch vom Leben zu erwarten hast, sondern darum, was es noch von dir erwartet! Diese Umkehrung zu schaffen, dieses Leiden in Würde: »Bin ich meines Leidens würdig?« So fragte sich Dostojewski in Stunden seiner tiefsten Depressionen. Und auch Frankl fragt sich das!

Man spürt bei diesem Lagerbericht, daß sich Frankl, trotz seiner eigenen Leiden, immer noch irgendwie verantwortlich fühlte für seine armen Mithäftlinge. Als einmal nach einem entdeckten Diebstahl 2500 Häftlinge zum Fasten oder zur Auslieferung des Schuldigen gezwungen wurden und sie alle nach einem schweren Arbeitstag hungrig in ihren Erdhütten lagen, hatte die Stimmung den tiefsten Punkt erreicht. Der Entschluß, durch Selbstmord dem Leiden ein Ende zu machen, war deutlich fühlbar.

Da bekam Frankl vom Blockältesten den Auftrag, zu den Mutlosen zu sprechen. Er bekennt, wie schwer es ihm wurde, für die Barackengenossen seelenärztlichen Zuspruch in seinem eigenen Inneren zu finden, da er selbst mit sich bitter zu ringen hatte. Aber es war nötiger denn je! Denn die Aussicht zu überleben lag bei 5% für jeden von ihnen.

Und der Häftling Frankl versucht, obwohl er selbst total entkräftet ist, ihre »Trotzmacht des Geistes« wachzurufen, ihren Glauben an die Zukunft wachzuschütteln, indem er argumentiert, daß niemand wissen könne, was die nächste Stunde bringen werde, und daß auch dieses Leben unter allen Umständen seinen Sinn habe. Irgendwo wartet vielleicht jemand, ein Bruder, eine Frau, eine Mutter oder das Auge Gottes, und erwartet, »daß wir des Leidens würdig seien und im aufrechten Sterben dem Leben noch Sinn geben«. Es gelang ihm, die Verzweifelten aufzurichten.

Bekennend und zugleich bedauernd gesteht hier Frankl, daß er allzu selten die innere Kraft hatte, sie solcherart aufzurichten, und manche Gelegenheit ungenutzt verstreichen ließ.

Frankl vergißt nie, das Gute zu bedenken, das hie und da dem einen oder anderen der Häftlinge – so auch ihm – zuteil wurde. So bitter Hohn und Grausamkeit erlitten wurden, so erschütternd wird auch andererseits eine Geste der Menschlichkeit erlebt, die den Glauben an nicht erstorbenes Menschsein in dem mit einem Stückchen Brot Beschenkten aufrecht erhält. Es wird in diesen Abgrundtiefen immer wieder zwischendurch Menschsein sichtbar, was dieses Wesen adelt und unverkennbar Züge seines Schöpfers trägt. »Was also ist der Mensch?« fragt Frankl. Und hier die Antwort: »Er ist das Wesen, das immer entscheidet, was es ist; das Wesen, das die Gaskammern erfunden hat, aber auch zugleich das Wesen, das in die Gaskammern gegangen ist, aufrecht, und ein Gebet auf den Lippen.«

Und ein Gebet auf den Lippen zwingt den geretteten Häftling im freien Raum, weit in den Feldern draußen, in die Knie mit immer wieder dem gleichen Satz auf den Lippen: »Aus der Enge rief ich den Herrn, und er antwortete mir im freien Raum.«[47] – An diesem Tag und zu jener Stunde – so Frankl – begann sein neues Leben ... vor fünfzig Jahren! Und bis heute dient er den Menschen.

In diesen Tagen vollendete Prof. DDr. Viktor E. Frankl sein 90. Lebensjahr. Er hat uns beschenkt mit seinem Buch: »...trotzdem Ja zum Leben sagen«. Mit blutendem Herzen hat er den veruntreuten Menschen hindurchgetragen durch unsere finstere Zeit, auf daß Menschsein wieder auferstehe im Glauben, in der Hoffnung und in der Liebe, denn sie ist die größte.

Mein aufrichtiger Wunsch ist, daß er und sein Werk in unserem und in Millionen anderen Herzen hindurchgetragen werden durch die Zeiten. Wir danken ihm und dem Einen, der ihn beschützt...

Anmerkungen und Quellenverzeichnis

1 Bericht über die Studie »Psychologische Probleme in der medizinischen Grundversorgung« in: Report Psychologie, Zeitschrift des »Berufsverbandes Deutscher Psychologen e.V.« Nr. 20 (8/95), Bonn, August 1995, Seite 3

2 Otto Betz, »Die Schöpfung geht weiter« in: Ursula Heindrichs (Hrsg.), »Märchen und Schöpfung«, Erich Röth Verlag, Regensburg 1993, Seite 27–28

3 Ludwig Muth, »Heimkehr ins Paradies. Lesen als Glückserfahrung« in MUT Forum für Kultur, Politik und Geschichte, hrsg. von Bernhard C. Wintzek, Asendorf, Nr. 326, Oktober 1994, Seite 70–71

4 Fernando Savater, »Tu was du willst. Ethik für die Erwachsenen von morgen«, Büchergilde Gutenberg, Frankfurt/Main, 1994, Seite 23–27

5 Johann Peter Hebel, »Kalendergeschichten. Auswahl und Nachwort von Ernst Bloch«, Insel Verlag, TB 17, Frankfurt/Main, 5. Auflage 1982, Seite 104

6 Viktor E. Frankl, »Ärztliche Seelsorge. Grundlagen der Logotherapie und Existenzanalyse«, Fischer Verlag, TB 42302, Frankfurt/Main, 4. Auflage 1987, Seite 67

7 Roland Kübler, »Die große Wegkreuzung«, in »Die Farben der Wirklichkeit. Ein Märchenbuch«, Lucy Körner Verlag, Fellbach, 24. Auflage 1994, Seite 31–36

8 Peter Geörg, »Die Uhr des Großvaters« in »Die schönsten Gute Nacht Geschichten«, hrsg. von Jella Lepman und Hansjörg Schmitthenner, Europa Verlag, Zürich 1951, Seite 71–74

9 Viktor E. Frankl, »Der leidende Mensch. Anthropologische Grundlagen der Psychotherapie«, Verlag Piper, Serie Nr. 1223, München, Neuausgabe 1990, Seite 196

10 Irene Sieber, Graz 1994, unveröffentlichtes Manuskript

11 Kurt Held, »Das Märchen vom Spiegel« in »Die schönsten Gute Nacht Geschichten«, hrsg. von Jella Lepman und

Hansjörg Schmitthenner, Europa Verlag, Zürich 1951, Seite 43

12 Viktor E. Frankl, »Der leidende Mensch. Anthropologische Grundlagen der Psychotherapie«, Verlag Piper, Serie Nr. 1223, München, Neuausgabe 1990, Seite 136 ff.

13 Antoine de Saint-Exupéry, »Worte wie Sterne«, Verlag Herder, Freiburg, 8. Auflage 1983, Seite 26-27

14 Hier nach: Rudolf Stertenbrink, „In Bildern und Gleichnissen“, Band 2, Verlag Herder, Freiburg, 1982, Seite 198

15 Rechte beim Autor

16 Wladimir Lindenberg, »Mit Freude leben«, Ernst Reinhardt Verlag, München, 1993, Seite 17–19

17 Quelle unbekannt

18 Rafik Schami, »Der fliegende Baum«, Carl Hanser Verlag, München/Wien 1996, Seite 129–147

19 Wladimir Lindenberg, »Mit Freude leben«, Ernst Reinhardt Verlag, München, 1993, Seite 11–12

20 Vgl. dazu: Viktor E. Frankl, »Der Mensch vor der Frage nach dem Sinn«, Verlag Piper, Serie Nr. 289, München, Neuausgabe, 9. Auflage 1993, Seite 215

21 In: Jens Carstensen, »Unser Hausbuch der schönsten Geschichten«, Bardtenschlager Verlag, Reutlingen, 1956

22 Wladimir Lindenberg, »Mit Freude leben«, Ernst Reinhardt Verlag, München, 1993, Seite 53

23 Elisabeth Lukas, »Logotherapie. Auf der Suche nach Sinn« in »Wege zum Menschen. Methoden und Persönlichkeiten moderner Psychotherapie. Ein Handbuch«, Band I, hrsg. von Hilarion Petzold, Junfermann Verlag, Paderborn, 1984, Seite 486 ff.

24 Diederichs Märchen der Weltliteratur, »Schwedische Volksmärchen«, hrsg. von Kurt Schier, Rowohlt Verlag, Taschenbuch Nr. 35077, Reinbek bei Hamburg, 1995, Seite 248

25 Eva Fiedler, »Die Weisheit des Narren« in »Die schönsten Gute Nacht Geschichten«, hrsg. von Jella Lepman und

Hansjörg Schmitthenner, Europa Verlag, Zürich 1951, Seite 109–111
26 Giselher Guttmann / Friedrich Bestenreiner, »Ich sehe, denke, träume, sterbe«, Ehrenwirth Verlag, München, 1991, Seite 127–128
27 Diederichs Märchen der Weltliteratur, »Schwedische Volksmärchen«, hrsg. von Kurt Schier, Rowohlt Verlag, Taschenbuch Nr. 35077, Reinbek bei Hamburg, 1995, Seite 254/255
28 Johann Peter Hebel, »Kalendergeschichten. Auswahl und Nachwort von Ernst Bloch«, Insel Verlag, TB 17, Frankfurt/Main, 5. Auflage 1982, Seite 54–57
29 Vgl. dazu Viktor E. Frankl, »Theorie und Therapie der Neurosen«, Ernst Reinhardt Verlag, UTB Nr. 457, München, 7. Auflage 1993, Seite 140-151
30 Viktor E. Frankl, »Die Sinnfrage in der Psychotherapie«, Verlag Piper, Serie Nr. 214, München, 3. Auflage 1988, Seite 170/171
31 Wladimir Lindenberg, »Mit Freude leben«, Ernst Reinhardt Verlag, München, 1993, Seite 26–28
32 Antoine de Saint-Exupéry, »Worte wie Sterne«, Verlag Herder, Freiburg, 8. Auflage 1983, Seite 119
33 Viktor E. Frankl, »Der Wille zum Sinn. Ausgewählte Vorträge über Logotherapie«, Verlag Piper, Serie Nr. 1238, München, Neuausgabe 1991, Seite 104
34 Johann Peter Hebel, »Kalendergeschichten. Auswahl und Nachwort von Ernst Bloch«, Insel Verlag, TB 17, Frankfurt/Main, 5. Auflage 1982, Seite 12–14
35 »Leben – was ist das eigentlich?« aus »immer grün 1992«, Quell / Wartburg, Stuttgart, 1992, Seite 38
36 Sigurd Hutschenreuther, »Der erfüllte Wunsch« in »Die schönsten Gute Nacht Geschichten«, hrsg. von Jella Lepman und Hansjörg Schmitthenner, Europa Verlag, Zürich 1951, Seite 85–87
37 Viktor E. Frankl, »Ärztliche Seelsorge. Grundlagen der

Logotherapie und Existenzanalyse«, Verlag Deuticke, Wien, 10. Auflage 1982, Seite 119
38 Johann Peter Hebel, »Kalendergeschichten. Auswahl und Nachwort von Ernst Bloch«, Insel Verlag, TB 17, Frankfurt/Main, 5. Auflage 1982, Seite 132/133
39 Quelle unbekannt
40 Wladimir Lindenberg, »Mit Freude leben«, Ernst Reinhardt Verlag, München, 1993, Seite 48–49
41 Quelle unbekannt
42 Marcel Arland, »Der König mit der Krone«, in »Zeitgenössische französische Erzählungen« (zweisprachig), Edition Langewiesche-Brandt KG, Ebenhausen bei München, 1963, Seite 71–81
43 Viktor E. Frankl, »Der unbewußte Gott. Psychotherapie und Religion«, dtv Nr. 35058, München, 7. erw. Ausgabe 1992, Seite 93
44 Konrad Lorenz / Franz Kreuzer, »Leben ist Lernen«, Verlag Piper, München, 1981
45 Viktor E. Frankl, »... trotzdem Ja zum Leben sagen«, dtv, München, 11. Auflage 1992, Seite 112
46 Hans Weigel im Vorwort zum Buch: Viktor E. Frankl, »... trotzdem Ja zum Leben sagen«, dtv, München, 11. Auflage 1992
47 Viktor E. Frankl, »... trotzdem Ja zum Leben sagen«, dtv, München, 11. Auflage 1992, Seite 143

Die Autorin

Geboren 1942 in Wien/Österreich. Nach dem Gymnasium Studium der Psychologie an der Wiener Universität. Dissertation zum Thema „Logotherapie als Persönlichkeitstheorie“ unter Giselher Guttmann und Viktor E. Frankl. Spezialisierung auf Klinische Psychologie und Psychotherapie. Promotion und erste Publikation 1972, danach Umzug mit ihrer Familie nach Deutschland.

Seit 1973 ununterbrochen als Klinische Psychologin und Psychotherapeutin tätig: Zuerst 13 Jahre in Familien- und Lebensberatungsstellen, 9 Jahre davon in leitender Position; dann seit 1986 als Fachliche Leiterin des »Süddeutschen Instituts für Logotherapie GmbH“ in Fürstenfeldbruck bei München, einer Wissenschafts- und Ausbildungsstätte mit psychotherapeutischer Ambulanz, in der die originäre Logotherapie Viktor E. Frankls gelehrt, angewandt und weiterentwickelt wird. Gründungsmitglied und Vizepräsidentin der »Deutschen Gesellschaft für Logotherapie und Existenzanalyse e.V.«.

Seit 1983 Vorlesungen auf Einladung von mehr als 40 Universitäten im In- und Ausland, darunter länger andauernde Lehraufträge an den Universitäten München, Innsbruck und Wien. 1991 Ehrenmedaille der »Santa Clara University« in Kalifornien für „Outstanding contributions in Counseling Psychology to the World Community«. Ihre 20 Fachbücher wurden in elf Sprachen übersetzt.

Anschrift der Autorin

Süddeutsches Institut für Logotherapie GmbH
Geschwister-Scholl-Platz 6
D-82256 Fürstenfeldbruck (bei München)
Telefon 08141/18041
Telefax 08141/15195

Das Institut bietet folgende Dienste an:
Psychologische Beratung
Psychotherapeutische Behandlung
Logotherapeutische Ausbildung

Weitere Bücher von der Autorin

»Auch dein Leben hat Sinn. Logotherapeutische Wege zur Gesundung«, Verlag Herder, Freiburg, 3 Auflagen 1980–1987, Neuausgabe, 3 Auflagen 1991–1995, eine Ausgabe erschien in Brailleschem Blindendruck (erhältlich bei Blindenschriftdruckerei, 33098 Paderborn, Andreasstr. 20)

»Auch deine Familie braucht Sinn. Logotherapeutische Hilfe in der Erziehung«, Verlag Herder, Freiburg, 2 Auflagen 1981–1988, Neuausgabe unter dem Titel »Sinn in der Familie« 1995

»Auch dein Leiden hat Sinn. Logotherapeutischer Trost in der Krise«, Verlag Herder, Freiburg, 3 Auflagen 1981–1990, Neuausgabe 1994

»Von der Tiefen- zur Höhenpsychologie. Logotherapie in der Beratungspraxis«, Verlag Herder, Freiburg, 2 Auflagen 1983–1988, gekürzte Neuausgabe unter dem Titel »Höhenpsychologie. Die andere Sicht vom Menschen« 1992

»Psychologische Seelsorge. Logotherapie – die Wende zu einer menschenwürdigen Psychologie«, Verlag Herder, Freiburg, 2 Auflagen 1985–1988, Neuausgabe 1993

»Sinn-Zeilen. Logotherapeutische Weisheiten« mit Graphiken von Michael Eberle, Verlag Herder, Freiburg, 2 Auflagen 1985–1987

»Von der Trotzmacht des Geistes. Menschenbild und Methoden der Logotherapie«, Verlag Herder, Freiburg 1986, Neuausgabe 1993

»Logo-Test. Test zur Messung von innerer Sinnerfüllung und existentieller Frustration«, Verlag Deuticke, Wien 1986

»Gesinnung und Gesundheit. Lebenskunst und Heilkunst in der Logotherapie«, Verlag Herder, Freiburg 1987, Neuausgabe, 2 Auflagen 1993–1995

»Rat in ratloser Zeit. Anwendungs- und Grenzgebiete der Logotherapie«, Verlag Herder, Freiburg 1988, Neuausgabe 1994

»Psychologische Vorsorge. Krisenprävention und Innenweltschutz aus logotherapeutischer Sicht«, Verlag Herder, Freiburg 1989

»Sinn-Bilder. Bibliotherapeutische Weisheiten« mit Holzschnitten von Otmar Wiesmeyr, Verlag Herder, Freiburg 1989

»Geist und Sinn. Logotherapie – die dritte Wiener Schule der Psychotherapie«, Psychologie Verlags Union, München 1990

»Die magische Frage ›wozu?‹. Logotherapeutische Antworten auf existentielle Fragen«, mit Beiträgen von Rita Malcomess und Franz Sedlak, Verlag Herder, Freiburg 1991

»Spannendes Leben. In der Spannung zwischen Sein und Sollen – ein Logotherapiebuch«, Quintessenz-Verlag, München, 2 Auflagen 1991–1993

»Geborgensein – worin? Logotherapeutische Leitlinien zur Rückgewinnung des Urvertrauens«, Verlag Herder, Freiburg, 2 Auflagen 1993–1994

»Alles fügt sich und erfüllt sich. Die Sinnfrage im Alter«, Edition Johannes Kuhn, Quell Verlag, Stuttgart, 2 Auflagen 1994–1995

»Psychotherapie in Würde. Logotherapeutische Lebenshilfe nach Viktor E. Frankl«, Quintessenz-Verlag, München 1994

»Auf den Spuren des Logos. Briefwechsel mit Viktor E. Frankl«, Quintessenz-Verlag, München 1995

»Lebensbesinnung. Wie Logotherapie heilt«, Verlag Herder, Freiburg 1995